論理学史

山下正男著

岩波全書 335

まえがき

　本書は論理学史と銘うっているが，その内容は狭義の論理学史にのみ閉じこもったものではない．一言にしていえば，本書は西洋思想史の文脈の中で記述された西洋論理学史である．西洋思想史は，世界の他の地域の思想史に比べれば，かなり特異な性格をもつ．そしてその特異性の一つは，きわめて合理主義的な思想の流れを正統的主流として自らの中に含んでいるという点である．ところでそうした合理主義の技術的基礎は論理学である．それゆえ西洋論理学史を知るということは，西洋の合理主義の流れを知るということであり，ひいては特異な存在である西洋思想史を知るということになる．

　西洋思想史は合理主義の優位性という性格によって，科学史と接続可能である．というのも科学というものはやはり一種の合理主義にほかならないからである．それゆえ西洋論理学史を知るということは，ひいては西洋が生みだした科学というものの歴史を知るということにもなる．

　こうして西洋論理学史というものは一面からいえば確かに西洋思想史の一部門であるが，他の面からいえば科学史の一部門でもある．そしてさらにいえば西洋論理学史とは西洋思想史と科学史との結び目の中に位置する存在なのである．

　以上のような展望のもとで本書は大きく第I部と第II部に分かたれる．第I部では，論理学そのもの，つまり科学の一部門としての論理学の発展が述べられる．論理学，特に記号論理学は数学的論理学ともいわれるように，数学と密接な関連をもつ科学である．しかし筆者は本書で論理学を抽象的構造学の一分科と考える

という独自の見解を正面に押しだした．抽象的構造学とは，抽象的構造を扱う学であり，そうした抽象的構造は，いまのところ抽象代数のような数学的構造が主たる部分を構成するが，それ以外の抽象的構造もあっていいわけであり，さしあたり論理的構造はその最たるものといえる．

このようにして第I部は論理学という抽象構造のどの部分とどの部分が最初に見つけ出され，群盲象を撫でる状態から，どのようにしてその全貌が見つけ出されるにいたったかを述べた一種の成功物語である．とはいえ本書は単なる西洋論理学史ではない．それゆえ論理学という抽象的構造が，西洋思想史の現場で具体的にどう働いたかも述べなければならない．そしてその目的のために充てられたのが本書の第II部なのである．それゆえ第II部では，古代から現代にいたる各段階において論理学が形而上学，神学，そして諸科学や時代意識とどのように交渉をもち，それらからいかに影響され，またそれらにいかに影響を与えたかが叙述される．

いささか私事にわたって恐縮であるが，著者はその学生期において哲学の研究を志した．つまり哲学者たることを志したのである．ところで哲学者のやらねばならない仕事はもちろんオリジナルな哲学体系をつくりだすことである．これは数学者の仕事が新しい数学を生みだすことであるのと同じであって当然のことである．とはいえオリジナルな哲学体系，しかもインチキでないしっかりした体系をつくりだすことは言うは易くして行なうに難い．そこで自らが行なうべき次善の仕事として，哲学史の研究を選んだ．そしてこの目的のために西洋古典学と記号論理学を学んだ．というのも文献学と論理学の二つはそれ自体信頼のおけるしっかりした学問であり，そのうえ哲学研究のためには不可欠の学問であると感じたからである．しかしその後，文献学と論理学という

ものは決して排他的な学ではなく，結合しうるものだということに気がつき，この二つの学を両方とも生かしうることのできる西洋論理学史を専攻するに至った．とはいえ著者は単なる西洋論理学史という専門的分野に閉じこもる気持はなかった．つまり西洋論理学史を哲学史あるいは思想史全体の流れの中で見ていきたかったのである．そしてそうした思いの結晶が本書であるといえる．

　西洋思想史はもちろん論理学史で尽くされるものではない．西洋論理学史という柱とは別に少くとももう一本の柱である西洋価値論史が必要である．これはごく簡単なものではあるがかつて岩波講座『哲学 9』価値の巻(1968)に発表したことがある．さらに思想史ということであれば，西洋思想史がすべてでないことはもちろんである．論理学史に限っていえば，インド論理学史や中国論理学史も必要である．この二つに関してはいちおうの準備はあったものの，本書の一部として併載するまでには及ばなかった．他日を期したい．

　論理学史は前にも述べたように哲学史と科学史との結節点である．本書を読み通すことによって，哲学研究者にとっても科学研究者にとっても，その現在の仕事を進めるうえに幾分かでもお役に立つとすれば，歴史研究者としての著者の義務が果せたと考える．

　　1982年4月

京都洛西の地で
山　下　正　男

目　　次

まえがき

第 I 部 ……………………………………………… 1
第 1 章　名辞論理学の発生 ……………………… 3
第 2 章　近代における名辞論理学の完成 ………… 39
第 3 章　命題論理学の成立 ……………………… 58
第 4 章　限量論理学の成立 ……………………… 90

第 II 部 ……………………………………………… 105
第 1 章　古代論理学の性格 ……………………… 107
第 2 章　中世論理学の性格 ……………………… 173
第 3 章　近世論理学の性格 ……………………… 195
第 4 章　近代論理学の性格 ……………………… 226

参考文献 ……………………………………………… 253

年　　表 ……………………………………………… 261

人名索引 ……………………………………………… 271

事項索引 ……………………………………………… 274

第Ⅰ部

第1章　名辞論理学の発生

半順序集合の一種としての論理学

名辞論理学は"山"とか"ひと"といった名辞，あるいはその指示対象であるクラスどうしの関係を扱う論理学である．論理学にはなお，"今日は天気だ"とか"2+3=5"といった命題の相互間の関係を扱う命題論理学がある．この二つの論理学は数学でいう束の一種である．束とは半順序集合の一種である．

いまの二つの論理学の場合でいえば，順序とは名辞論理学の場合，クラス間の含む含まれるの関係であり，命題論理学の場合，命題間の含意する含意されるの関係である．

さて順序といっても，実数間の大小関係の場合は，いかなる二つの実数 x, y をとっても $x>y$ または $y>x$ または $x=y$ が成立する．しかし $a \subset b$ (a は b に含まれる)の場合は，$a \subset b, b \subset a, a = b$ のいずれもが成立しない場合がある．また $p \rightarrow q$ (p は q を含意する)の場合も，$p \rightarrow q, q \rightarrow p, p \equiv q$ のいずれもが成立しない場合がある．そしてこうした順序関係を半順序関係あるいは部分順序関係という．

この章ではまず名辞論理学，しかもその発生を扱うので，半順序構造の要素を名辞に限ることにする．さてそうした半順序構造は，ハッセの図式を使用すれば，もっともうまく表現することができる．そしてそうしたハッセの図式の1例が図1である．

ハッセの図式による論理学の表現

ここで最下端の O は空なるクラスである．最上端の I はいわゆる全論理空間(universe of discourse)である．また ab は "a と

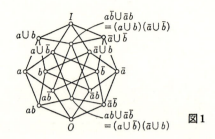

図1

b", $a \cup b$ は "a か b", $\bar{a}$ は "a でないクラス" を意味する.

さて図1で見られるように, "a と b" は, a と b の下方における交点のうち a と b との双方にもっとも近いもので表現できる. また "a か b" は, a と b の上方における交点のうち a と b の双方にもっとも近いもので表現できる. また $\bar{a}$ は a と点対称の点で表現できる.

さらに "含む含まれる" の関係, たとえば $a \cup b \supset a$ や $a \supset ab$ といった関係は2点間を上下の方向の直線でつなぐことによって表現される. ただしこの図において, a と b の二つのクラスをとってみれば, 両者のいずれも他方を含むという関係にはなっていない. そしてこれが, まさしく半順序というものであり, すべての実数が大小関係で一列に並べうるのに反して, クラスあるいは名辞というものには, いまの a と b のように, 直線上に並ばないようなペアーがいたるところに存在するのである.

論理学の幾何学的表現

さて図1は実は図2もしくは図3の束論的構造を図式化したものである. すなわち, 図2と図3は位相的に見て同等であり, ともに $ab, a\bar{b}, \bar{a}b, \bar{a}\bar{b}$ という四つのセクションから成っている. そしてこの四つのセクションが, いわばアトムとして図1が成り立っているのである. これら四つのセクションのアトム性は, 図1

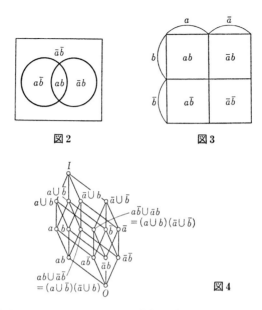

図2 図3

図4

ではあまりはっきりしないので，図1と位相的に同等な図4を見よう．そうするとそのアトム性が明瞭に読みとれ，そうしたアトムからどのようにして分子が作られ，それらアトム，分子そして最大分子である全論理空間なるものが互いにどういう順序関係をなしているかが一目で了解できるであろう．そして古代ギリシアに始まったヨーロッパの論理学史の発展の研究は，実は，こうした半順序構造なるものをどのようにして嚙じりとったか，つまりまずどれとどれの部分を発見し，ついにその全貌をつかみとることのできたのはいつかという問題の探究にほかならないのである．

プラトンにおける名辞論理学の萌芽

名辞論理学に関する限り，図1もしくは図4で示された構造に最初にアタックしたのはやはりプラトンだといわざるをえない．

プラトンの仕事で論理学にかかわる有意義な仕事はなんといってもイデアの分割の理論，つまり概念分割の仕事であろう．プラトンはいろいろな例を挙げているが，わかりやすさのため，プラトンからは少し離れるかもしれないが，つぎのような例を出してみよう．

プラトンの意図は定義にある．そこで人間をいかに定義するかという場合を想定してみよう．そしてその解答が図5だとしよう．つまり人間の定義は，二足で，陸棲で，生物であるところの存在物だということになる．図5を記号化し図6をつくろう．すると，人間の定義は $abcd$ となる．そこでこんどは，そうした $abcd$ というものがつくられたプロセスを図示すれば図7のとおりとなるであろう．

さて図7のうちの一部分をとりだすと図8のとおりとなる．そしてこの図8が図1の中に埋めこまれているということは明らかである．もちろん ab を abc と $ab\bar{c}$ に2分割するところまでは図1に乗せられない．それは図1が c という要素を含まないことからして当然であり，c をも含むハッセの図式をつくれば，そのう

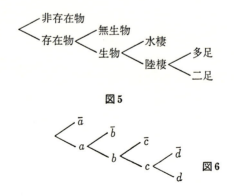

図5

図6

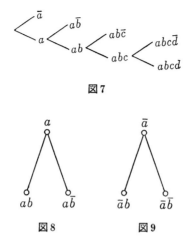

図7

図8 図9

えに乗せることができるのである．

さて問題とすべき点はプラトンの2分割法(diairesis, dichotomy)の非対称性，跛行性にある．プラトンはどの場合でも，2分割の結果生じた二つの項のうちの一方を選び他方を捨てるという形で分割を遂行した．つまり図8の方の分割はおこなったが，図9の方の分割はおこなわなかったのである．しかし図1を見ればわかるように，その中には図8とともに図9もまた埋めこまれているのである．

名辞論理学の出発点としての分類の理論

さてプラトンの2分法は，実は分類の一般理論の一部として位置づけることができる．ところで分類には2種類ある．一つは副分類(Unterteilung, subdivision)であり，図8と図9とを合わせたもの，つまり図10であらわせる．もう一つは並立分類(Nebenteilung, codivision)であって，図11であらわせる．そしてもちろん図10も図11も図1の中に埋まっている．

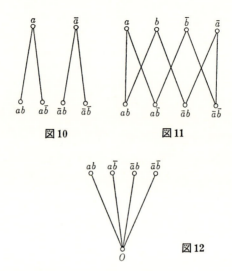

図10 図11

図12

このように副分類にせよ、並立分類にせよ、$ab, a\bar{b}, \bar{a}b, \bar{a}\bar{b}$ の四つのセクションができあがるが、この四つは図12のようにすべて O に集まる。ということは、これら四つはどれも互いに決して重なりあわないのであり、しかもこれら四つだけで全論理空間をおおいつくすことができるのである。

さて分類という観点で見れば、並立分類の方が、諸概念間の関係をもっとも緻密に表現しえているから優れているといえる。しかし、もちろん図11も、図1のごく一部分を構成しているといわねばならない。実際、並立分類に較べて副分類の方は概念間の関係の緊密度を欠き、さらに図8であらわされるプラトン的2分法にいたっては確かにきわめて貧弱ではあるが、しかしクラスの半順序構造である図1の一角に食いこみ、嚙じりついたという点では、その価値は十分認められるべきであろう。

さて、図12に見られるような、四区分、しかも図11に見られ

るような並立分類がヨーロッパで見られるようになるのは，プラトンよりずっとあとの中世キリスト教の神学者ヨハンネス・スコトゥス・エリウゲナにおいてである．彼はその著『自然区分論』(De divisione naturae)において全自然を，(1)創造し，創造されないもの，(2)創造されたが，自らも創造するもの，(3)創造され，自らは創造しないもの，(4)創造されもせず，創造しもしないもの，に区分した．

プラトンの2分法と狩猟の術

とはいえ，プラトンはなぜ分類において，あのような非対称的跛行性を見せたのだろうか．その答えは簡単である．それは彼が目ざしたところはいろいろの概念の定義を試みることであり，それはその師ソクラテスの目ざすところでもあったのである．プラトンは定義の発見を，狩猟にたとえる．目ざす獲物を仕とめるには，はじめに大きな網をはり，徐々にその包囲網を狭めていくというわけである．しかし幸いにその縮められた網の中に獲物がいてくれればいいが，いなければ失敗というわけである．とはいえ，獲物をねらうというこの狩猟モデルは，プラトン哲学のもつ目的論的な性癖を象徴するものであり，論理的な視野の拡大に対してマイナスに働いたものといえよう．

ポルピリオスの樹とヒエラルキー

プラトンのそうした2分法はプラトニズムの遺産としてネオ・プラトニズムに継承された．そしてそのもっとも著名な例が「ポルピリオスの樹」と呼ばれる図である．これはポルピリオスその人が描いた図ではなく，後代になってつくられたものであろうが，しかし中世の論理学の教科書には必ず登場するものである．それはとにかく，この場合も，やはり典型的な2分法的分割を行なうものであり，結局人間とは，"死すべき，理性をもった，感覚をも

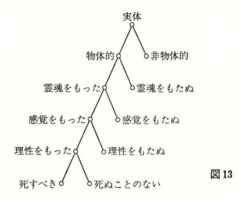

図13

った，霊魂をもった，物体的実体"だということになる．しかしこの図はまた，最高の類として実体が存在し，その下に物体があり，その下に霊魂をもつ物体があり，その下に動物があり，その下に理性的な動物があり，その下にひとがあるということを示す．そしてひとが最下の種であり，いわゆるアトム的種，不可分的種である．

このようにポルピリオスの樹は，類と種からなる上下の存在論的ヒエラルキーを図解したものであるといえる．しかしそれはまた，クラスの半順序集合の構造の一環を構成していることも確かである．1例をあげれば，"人間は理性的動物である"といわれるとき，ポルピリオスの『アリストテレスのカテゴリー論への入門の書』や中世の論理学の教科書では，"人間"は種であり，"動物"は類であり，"理性的"は種差であるとされる．そしてひと(種)＝理性的(種差)＋動物(類)という式が立てられるのが常である．そしてこれは $H=RA$ と表記できる．ただしここで H は"ひと"，R は"理性的"，A は"動物"を意味する．

さて図13に図14を対応させてみよう．すると $H=RA$ とい

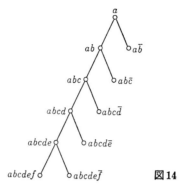

図14

う式は実は $H=fRA$ でなければならぬということがわかる．ここで f はもちろん"死すべき"を意味する．ポルピリオスの樹ではなぜ，ひとは理性的動物ではなくて，可死的で理性的な動物かといえば，不可死的で理性的な動物，つまり神々といったものが存在するからである．

さて $H=fRA$ という式について考えてみよう．するとこの式には，$abcdef=(f)(e)(abcd)$ という式が対応することは明らかである．つまり R には e が対応し，A には $abcd$ が対応する．このようにして結局，ポルピリオスの樹において，"ひと"というものは，それ自身においては $abcdef$ という内部構造をもつとともに，対他的には，図14のような構造のうちに一つの位置を占めるものということができるのである．そしてこれが正しく"ひと"というものの論理的な構造分析の結果なのである．

ところで，このポルピリオスの樹においてもやはり，先に述べたプラトンの目的論的な形而上学が尾を引いている．つまり，$abcdef$ という目的達成のために，$a\bar{b}, ab\bar{c}$ 等の分枝は捨て去られている．そして結果的には，$a, ab, abc, \cdots, abcdef$ は，$abcdef \subset$

$abcde \subset \cdots ab \subset a$ という全順序的な連鎖をなしている．しかしこうした全順序性にあまりに目を奪われすぎると論理学の本領である半順序性を見落すおそれが生じる．この点ではむしろインドの論理学の方が健全だったと思われるので，その一端を紹介しよう．

インド論理学における分類原理

インド論理学には四句分別というものがある．これは倶舎論の中に見られるものであり，それはふつう図15のような図示で説明されている．さて四句とは2個の単句と，1個の倶句と1個の倶非句のことである．その実例を，倶舎論よりも遥かに後代の，中国の禅仏教の書物である『臨済録』からとろう．そこでの例は，(1)奪人不奪境，(2)奪境不奪人，(3)人境倶奪，(4)人境倶不奪である．ここで"人を奪うこと"を a，"境を奪うこと"を b であらわせば，(1)は $a\bar{b}$，(2)は $\bar{a}b$ となる．また"人境倶奪"は"人を奪い，かつ境を奪うこと"を意味するから，(3)は ab となり，同様に(4)は $\bar{a}\bar{b}$ となる．したがって，結局四句は $ab, a\bar{b}, \bar{a}b, \bar{a}\bar{b}$ だということになる．ところで図15は，図2および図3と位相的に同等である．したがってインド論理学における伝統的な図式である図15はまた，正確に四句の論理的性格を表現したものといえよう．

ちなみにいえば，禅では単に四句を提出するだけではなく，むしろ目的は"離四句"つまり四句を離れること，四句分別を脱す

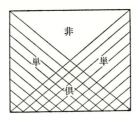

図15

ることにある．しかしこうした禅の立場，そして広くは大乗仏教の竜樹系の立場は論理的には無謀，無意味な行為であるが，しかしそうした立場の前提にはなお，インド論理学における四句分別といったものを踏まえていることは確かなのである．

このようにインド論理学の四句の考えは，並立分類に立つものである．そしてこうした考えは，ヨーロッパ古代では稀であり，前に挙げたエリウゲナの例はむしろ例外といえるであろう．こうして，副分類の方法，しかもその一方の分枝を捨てながら続行する方法は，プラトニズムの目的論的態度と結びついてヨーロッパ世界に根強く受け継がれていくのである．

アリストテレスにおける名辞論理学

プラトンからアリストテレスに移ろう．アリストテレスの名辞論理学とはもちろんアリストテレスの三段論法のことである．さてこの三段論法の出発点は，A, I, E, O の 4 種の命題である．A, I, E, O は，それぞれ "すべての a は b である"，"ある a は b である"，"いかなる a も b ではない"，"ある a は b でない" を意味し，全称肯定命題，特称肯定命題，全称否定命題，特称否定命題を意味する．そして a と b はともに名辞あるいはクラスである．

こうして A, I, E, O を出発点とする三段論法は，結局 a, b といった名辞を最小の要素として出発するという意味で名辞論理学といえる．しかしそれは単に名辞を論じるだけにとどまるのではなく，名辞からできあがった 4 種の命題，そしてさらにそうした命題どうしの含意関係をも論じるという意味で，論理学の名に恥じないものであり，この三段論法こそは，人類史上最初の論理学であるということができる．

さて三段論法も名辞論理学であるかぎり，図 1 に乗るはずである．そして実際，まず，クラス a, b からなる A, I, E, O は図 1 に

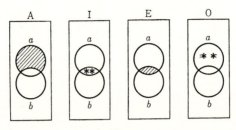

図16

乗せることが可能である．ただし，I, O はそのままで図1に乗るが，A と E は，図1にある変形を加えたものに乗るのである．

さて A, I, E, O は，普通，図16のようにして図示される（ここで斜線の部分は空なること，星印は空でないこと，つまり実であることを意味する）．しかしこの図示の仕方は，A, E については正しいが，I, O については正しくない．すなわち I, O の図にある星印をともに除くべきである．そして，このように星印を除いた形での図示の方が，アリストテレスの理論に忠実な表示法であるといえる．確かに，星印をつけた形での A, I, E, O の解釈，およびそれにもとづく三段論法の理論も成り立つが，これはアリストテレスより遥かにのち，つまり近世になってからの三段論法の理論であり，アリストテレスのほんとうの姿では決してない．

A, E 命題の図式化

まず，A と E を，ハッセの図式によって表現しよう．A と E は図16で見られるように，$a\bar{b}$ および ab をそれぞれ消すことによって，全論理空間が四つのセクションでなく，三つのセクションからなっていることで表現されている．ところで図1では全論理空間は四つのアトム的要素から構成されているので，A と E を表示するには，それらの四つのうちの $a\bar{b}$ および ab を消してやる，つまり，それらを O と等置してやればよい．すると A は図

17のとおりとなる．この図は，図1を，図19のような方法で合体させることによって，18個のエレメントからなるハッセの図式を変化させて，6個のエレメントからなる図式をつくったものである．つぎにEもまた，同じ方法でつくられた図式，図18によってあらわすことができる．

実際，図17を眺めてみると，図19における融合によって，$O=a\bar{b}$ が成立している．そしてこれは図16のAが，$a\bar{b}$ を斜線で消すことによって表現されているのに対応する．また，図17で，a は b の真下にきてしまっている．しかしこれは a と b が全順序つまり完全順序をなしていることを示し，したがってすべての a が b の中に含まれていること，つまり"すべての a が b である"ことを示している．つぎに図18を眺めると，$O=ab$ もやはり，図16のEで ab が斜線で消されていることに対応する．そしてこの $O=ab$ は，a と b の共通部分がなにもないこと，つま

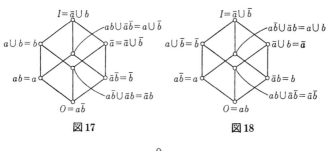

図17　　　　　　　図18

図19

り"いかなる a も b でない"ことを示している.

I, O 命題の図式化

さてつぎに I 命題と O 命題であるが, I 命題は E 命題の否定であり, O 命題は A 命題の否定である. ところで E 命題は $ab=O$ であらわされ, A 命題は $a\bar{b}=O$ であらわされた. したがって I 命題は $ab\neq O$ であらわされ, O 命題は $a\bar{b}\neq O$ であらわされる.

ところで $a\bar{b}=O$ と $ab=O$ はともに, 標準型図1を合一という形で変形した図17, 図18で表現された. しかし $a\bar{b}\neq O$ と $ab\neq O$ は, 標準型である図1にそのまま乗るのである. というのも, 図1は図17, 図18 とちがって ab および $a\bar{b}$ は O からははっきり分離されており, 合体してはいないからである.

そもそも図1は半順序集合をあらわす図である. ところで, 含む含まれるという関係でいえば, A 命題は図17でわかるように $a \subset b$ である. また E 命題は図18でわかるように $a \subset \bar{b}$ である. そしてこのことは, A 命題と E 命題はともに全順序だということを意味する. しかしこれに反し, O 命題は $a \not\subset b$ で, I 命題は $a \not\subset \bar{b}$ であらわされる. そしてこのことは, まさに O 命題と I 命題は全順序でないということを意味する. ところで図1は半順序集合の世界を表現したものである. したがってそうした世界では O 命題と I 命題こそがスタンダードなタイプなのであり, A 命題と E 命題の方が特殊形態である. それゆえ, O 命題と I 命題はそのまま図1に乗ることができるが, A 命題と E 命題は, 図17, 図18のように, 標準型に細工を施したもののうえにのみ乗ることができるのである.

論理学の全体的構造の中における A, I, E, O の位置

こうして A, I, E, O の4個の命題が図1およびその変形である

図17,図18に乗ることがわかった.しかしこれら4種の命題は,それら3種の図のうちのごく一部をしか利用していないということに気づくであろう.とくに図1は,その下半分だけしか使われていないことがわかるであろう.もちろん図1の全貌がわかり,それらすべてを使いきるようになるのは近代になってからの話であって,そのことをアリストテレスに要求するのは酷である.いやむしろ,部分的とはいえ図1の構造の一部にアリストテレスが正しい形で食いこんだということの方を高く評価すべきであろう.

ちなみに,図1から図17,図18をつくった操作についてであるが,例えば図1の二つの要素 ab と O を等しいと置く.ところが図1は,単なるばらばらの要素の集合ではなく,束という構造をもつ緊密な有機的集合体である.それゆえ,$ab=O$ といった変化を図1に加えると,そうした局部的変化はたちまちのうちに全体へと波及し,その結果,図19というプロセスを経て図18に至るのである.そしてここから見ても,A, I, E, O の4命題は,実は図1全体の中に定位させる形で考察せねばならないのであるが,このことは残念ながら,アリストテレスおよび伝統論理学者たちのだれもが予想しえなかったことなのである.

矛盾律と排中律

ところで図19に見られた合体あるいは融合の操作であるが,この操作の結果,16個の要素からなる図1は,8個の要素からなる図17, 18に変化した.そこで図17, 18のそれぞれを更に変化させると結局,図20がつくられるが,これは図21に対応する.そしてこれは論理学の最縮小形態を示すものであり,図20は $a\bar{a}=O$ つまり矛盾律と,$a\cup\bar{a}=I$ つまり排中律を示している.そしてこの二つの原理は,もちろん図17, 18にも,そして図1にも内蔵されている.こうした二つの原理が論理学の基礎にあることをい

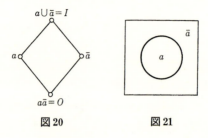

図20　　　　図21

アリストテレスの三段論法

アリストテレスの三段論法にふたたびもどろう．アリストテレスが A, I, E, O の4種の命題を立てたのは，単に分類のためではなくて，三段論法という論理式をつくりだすための準備にすぎなかったのである．アリストテレスの三段論法の成立を論じるためには，まず三段論法とはなにかということを示しておく必要がある．さてアリストテレスの三段論法的な論理式は合計して14個である．アリストテレスはこの14個の式を三つの格に分類した．そして第一格には4個の式，第二格にも4個の式，第三格には6個の式があるとした．このようにアリストテレスでは，三段論法は3格14式であるが，近世の三段論法は4格19式，近代論理学的解釈での三段論法は4格15式となっている．しかし後の二者はアリストテレスのあずかり知らぬことであるので，史的忠実さに従うという意味で，アリストテレス自身の三段論法を見ることにしよう．

アリストテレスの三段論法は3格14式であるが，その第1番目，つまり第一格第一式，いわゆる Barbara を，アリストテレスのテキストに即して見ればつぎのとおりである．

第1章　名辞論理学の発生　　　　　　　　　　19

"A がすべての B について述語づけられ，B がすべての Γ について述語づけられるならば，A はすべての Γ について述語づけられる"．……(1)

この言いまわしは，中世および近世の論理学のテキストに出てくるつぎのような言いまわしと大そう異なる．

"すべての動物は実体である．すべてのひとは動物である．ゆえにすべてのひとは実体である"．……(2)

あるいは，

"すべての M は P である．すべての S は M である．ゆえにすべての S は P である"．……(3)

一応(1)と(3)をつぎのように形式化してみよう．

$$
\begin{array}{cc}
\text{(a)} & \text{(b)} \\
A-B & M-P \\
B-\Gamma & S-M \\
\hline
A-\Gamma & S-P
\end{array}
$$
　　　　　　　　　　　　　　　　　図22

(a)と(b)を見くらべてまず気のつく点は，(a)における媒名辞 B の位置と，(b)における媒名辞 M の位置が反対になっていること，そして総じて，三つの命題のすべての名辞が(a)と(b)で逆になっていること，例えば A は大前提と結論の両方において左端に来ているのに，P は右端に来ていることである．しかしこれは，(1)では命題が"述語 A が主語 B について述語づけられる"という表現をとり，(3)では"主語 S は述語 P に含まれている"つまり"S は P である"という表現をとることからきたものにすぎない．それゆえ，(1)と(3)のいちばん大きなちがいは，むしろ(a)の横線が"ならば"を意味しているのに対して，(b)の横線は"ゆえに"を意味している点である．つまり，(1)は含意式を意味し，したがって，(1)全体が一つの命題である．これに対して，(3)は

推論式であり、三つの命題からなっている。そしてそれら二つの間のちがいの意味はつぎのとおりである。

含意式と推論式のちがい

アリストテレスの三段論法は推論式ではなくて含意式である。したがって、そうした含意式1個だけから、なんらかの結論的命題を推論することはできない。つまり、三段論法の大前提を p、小前提を q、結論を r とすれば、アリストテレスの三段論法は $pq \to r$ となり、そこから r を導き出すには、なお p, q 二つの命題の定立が必要であり、$pq \to r, p, q$ という3個の命題の定立によって初めて、"$pq \to r$ と pq から r を導出できる"という規則にもとづいて結論 r が定立されうるのである。

いまアリストテレスにならって、"すべての B は A であり、すべての Γ は B であれば、すべての Γ は A である"という第一格第一式に具体的な名辞を代入すれば、"すべての闊葉樹が落葉樹であり、すべての葡萄の樹が闊葉樹であれば、すべての葡萄の樹は落葉樹である"となる。そして実際上、大前提は真であり小前提も真であるから、結論もまた真であるということが証明できる。しかしながら、第一格第一式に対して、つぎのような代入をおこなうことも可能である。"すべての犬は翼をもち、すべての雀は犬であれば、すべての雀は翼をもつ"。この命題は偽なる命題が真なる命題を含意しているのだから、全体として真である。

またつぎのような代入も可能である。"すべての犬は翼をもち、すべての猫が犬であれば、すべての猫は翼をもつ"。この命題は偽なる命題が偽なる命題を含意しているのであるから、全体として真である。

これら二つの代入は確かに $pq \to r$ という命題を真ならしめてはいる。しかしながら p および q のいずれもが、どちらの場合でも

真ではない．したがって前に挙げた推論の規則"$pq \to r$ と pq から r を導出できる"を使って r を導き出すわけにはいかないのである．そしてそれゆえにまた"すべての犬は翼をもつ．そしてすべての猫は犬である．ゆえにすべての猫は翼をもつ"とはいえないのである．

アリストテレスとユークリッド

以上から見て，"すべての B は A であり，すべての $\varGamma$ は B であれば，すべての $\varGamma$ は A である"という三段論法は，決して推論式ではなく，$pq \to r$ といった1個の命題にすぎないこと，しかもその命題は，$A, B, \varGamma$ といった三つの名辞にどんな具体的な名辞を代入しても真である命題であるということがわかった．しかし，そうした種類の命題を現代の学問世界で探すならば，それは，"a は b より大きく，b は c より大きければ，a は c より大きい"といった類の数学的法則だということになろう．そしてこうした種類の法則を古代ギリシアで探すならば，ユークリッドの『幾何学原論』の中の公理，"同じものに等しいものはまた互いに等しい（$a=b$ でかつ $a=c$ ならば $b=c$）"，"等しいものに等しいものが加えられれば全体は等しい（$a=b$ でかつ $c=d$ ならば $a+c=b+d$）"，"不等なものに等しいものが加えられれば全体は等しくない（$a \neq b$ でかつ $c=d$ ならば $a+c \neq b+d$）"等々の一連のグループであろう．これらの命題はもちろん名辞あるいはクラスを扱うものではなく，数を扱うものである．しかし，a, b, c, d にどんな数を代入してもそれらの命題は成り立つのであり，したがって，"$a=b$ かつ $a=c$ ならば $b=c$"において $a=1, b=1, c=1$ としてももちろん成り立つが，$a=1, b=2, c=3$ としても成り立つ．というのも，その場合，偽なる命題が偽なる命題を含意することになるが，全体としては真だからである．こうして結局，アリストテレスの

三段論法はユークリッド幾何学でいえば公理と同じ性格をもつものといえるであろう.

真なる三段論法の選出

さてアリストテレスの三段論法は前にも述べたとおり，3格14式であった．ところでこの3格は前の表記法を使用すれば，図23のとおりとなるであろう．ここでもちろん第一格は，"AがBに

第一格	第二格	第三格
$A-B$ ……(P)	$A-B$ ……(P)	$A-\Gamma$ ……(R)
$B-\Gamma$ ……(Q)	$A-\Gamma$ ……(R)	$B-\Gamma$ ……(Q)
$A-\Gamma$ ……(R)	$B-\Gamma$ ……(Q)	$A-B$ ……(P)

図23

ついて述語づけられ，BがΓについて述語づけられれば，AはΓについて述語づけられる"を意味する．ところで$A-B$はたしかに主語(B)と述語(A)からなる命題，つまり"BはAなり"という命題であるが，そのうえなお，A, I, E, Oのうちのどれかでなければならない．このことは$B-\Gamma$, $A-\Gamma$についても同じである．したがって，理論上は第一格は$4\times4\times4=64$通りの式を含むことになり，第二格，第三格もそれぞれ64個の式を含むことになる．しかしながら，それらすべての含意式が真だというのではなく，わずかに第一格は4式，第二格も4式，第三格は6式だけが真であり，合計14式だけが真なる式なのである．つまり192式のうちでたった14式だけが真なる式なのである．

さて，それではそうした14式をアリストテレスはどうして選びだしたのだろうか．アリストテレスは，192式を一つずつしらみつぶしにその真偽を確かめていく．さて，ある式が偽であることは，A, B, Γに適当な実例を選んで，その式が偽であるということを示せば十分に証明できる．しかしある式が真であることを

証明するには，その式を真ならしめる例をいくらたくさん示したところで不十分である．というのも，真なる式を満足させる例は無限に多いからである．そこでアリストテレスのとった方法はもちろん公理論的方法であった．すなわち彼は第一格の4個の式を真なるもの，つまり公理として，そこから第二格および第三格に属する真なる式を，合計10個だけ証明してみせたのである．

アリストテレスの公理論的方法

しかし，それではアリストテレスのそうした公理論的方法の証明の仕方はどんなものだっただろうか．アリストテレスはその証明法として根本的には二つの方法を採用した．その一つはもちろん帰謬法である．そしてアリストテレスはいまの10個の三段論法のすべてに帰謬法を適用している．というのも，アリストテレスは帰謬法が公理系における定理証明のための最強の武器であることを熟知していたのである．

例えば第二格第三式の証明を見よう．第二格第三式は"A がすべての B について述語づけられ，その A がさらにある Γ について述語づけられないならば，B はある Γ について述語づけられない"であるが，この式を証明するために，この式の後件"B はある Γ について述語づけられない"の矛盾命題をその式の前件の第一命題につけ加えると，公理としての第一格第一式を使って，"A がすべての Γ について述語づけられる"という結果が出てくる．しかしこの結果は，第二格第三式の前件の第2番目の命題と矛盾する．したがって帰謬法により，第二格第三式の後件は，"B はある Γ について述語づけられない"でよいことになり，結局第二格第三式は真であるということになる．

こうして，結局第一格第一式から第二格第三式の導出は，第一格第一式を $pq \to r$ とすれば，そこから $p\bar{r} \to \bar{q}$ という第二格第三式

を導出することになる．ところが $(pq→r)→(p\bar{r}→\bar{q})$ は命題論理学における定理であり，$pq→r$ は公理であるから，$p\bar{r}→\bar{q}$ が定理として成立するということになるのである．そして第二格の4個の式がそういう形で成立するとすれば，第三格の6個の式も，$(pq→r)→(\bar{r}q→\bar{p})$ を通じていまと同様な形で成立するということができるのである．

換位の利用

つぎにアリストテレスは，いま述べた帰謬法によるものとは違う方法でも第二格，第三格の真なる式を証明している．そしてその方法とは換位の方法である．さて換位の方法を例をあげて説明しよう．第二格第一式"もし A がいかなる B にも述語づけられず，すべての Γ に述語づけられるなら，B はいかなる Γ にも述語づけられない"を証明するために，アリストテレスは前件の第1番目の式に換位を施す．換位とは命題の主語と述語を交換することであり，E命題とI命題は，換位によってその命題の真理値を変えない．それゆえ，アリストテレスは第二格第一式を"もし B がいかなる A にも述語づけられず，A がすべての Γ に述語づけられるなら，B はいかなる Γ にも述語づけられない"という式に還元する．ところがこの式は実は第一格第二式であり，公理である．ところで"B がいかなる A にも述語づけられない"と"A がいかなる B にも述語づけられない"は等値である．ゆえに，公理としての第一格第二式から定理としての第二格第一式を導出することができるのである．

さて，いまの証明で，"もし B がいかなる A にも述語づけられず，A がすべての Γ に述語づけられるなら，B はいかなる Γ にも述語づけられない"を公理と呼んだ．しかし公理である限り第一格であり，第一格なら図23の第一格のような配置であるはず

である．それゆえ図 24 の二つの三段論法 (a) と (b) は同等であると考えざるをえない．

(a)	(b)	(c)
$A-B$ ……(P)	$B-A$ ……(P^{-1})	$A-B$ ……(P)
$B-\Gamma$ ……(Q)	$A-\Gamma$ ……(R)	$A-\Gamma$ ……(R)
$A-\Gamma$ ……(R)	$B-\Gamma$ ……(Q)	$B-\Gamma$ ……(Q)

図 24

ところで (a) は第一格第二式であり，(c) は第二格第一式である．そして (a) から (c) の演繹は (a) から (b)，(b) から (c) へという形でおこなわれた．そこでこれを記号化すれば $P \times Q = R$ から，$P^{-1} \times R = Q$ を通じて $R \div P = Q$ という形になる．とはいえ，この演算はいったいなにを意味するのであろうか．

三段論法と比例論

この演算をよく見れば，この演算の実例は，いまの三段論法以外になお存在し，数的比の計算もまたいまと似たような形をとりうるということに気づくであろう．そして三段論法の場合と比計算の間のパラレリズムは図 25 でもっと明らかになるであろう．

(a)	(b)
$A:B = 12:9$ ……(P)	$B:A = 9:12$ ……(P^{-1})
$B:\Gamma = 9:6$ ……(Q)	$A:\Gamma = 12:6$ ……(R)
$A:\Gamma = 12:6$ ……(R)	$B:\Gamma = 9:6$ ……(Q)

(c)
$A:B = 12:9$ ……(P)
$A:\Gamma = 12:6$ ……(R)
$B:\Gamma = 9:6$ ……(Q)

図 25

こうして，$P \times Q = R, P^{-1} \times R = Q, R \div P = Q$ は比計算における掛け算，割り算として解釈でき，P^{-1} は逆比，つまり $A:B$ を $B:A$

に変えることを意味する．するとこの三つの式は，たがいに他から導出できるものだといえる．

つぎに三段論法の方でいまの三つの式を解釈しよう．すると，掛け算は第一格，割り算は第二格，そして P^{-1} は換位であり，$(P^{-1})^{-1}$ が P であることは逆比の逆比がもとの比にもどるのと同様に，換位の換位がもとの命題にもどることを意味するのである．そして三段論法の場合でも，三つの式は互いに導出可能なのである．

三段論法の計算と比の計算のパラレリズムをもっと進めてみよう．さっき，(a) $PQ=R$ から，(b) $P^{-1}R=Q$ を導出したが，(a)から導出される式は(b)だけとは限らない．(b)のほかになお，(c) $R^{-1}P=Q^{-1}$, (d) $RQ^{-1}=P$, (e) $QR^{-1}=P^{-1}$ がある．そして(c)からは，(b)からと同じく第二格が導出され，(d)と(e)からはこんどは第三格が導出される．そして，実際アリストテレスもそうした方法のすべてを使用しているのである．

アリストテレスの論理学と『幾何学原論』

以上述べたように，アリストテレスの三段論法の計算と比の計算との間には顕著な同型性が見られた．しかし，アリストテレス自身はこの同型性をあからさまな形では言明していない．しかしながら，そうした同型性がアリストテレスの三段論法の成立の導きの糸であったことを推測することは難しくない．

さて，アリストテレスの三段論法の体系の完成度は驚嘆すべきものである．すなわち彼の三段論法は，名辞に関してだけであるが，A, B, Γ のように記号化されている．また公理化もおこなわれている．定理そのものにも，その証明にも間違いが存しない．アリストテレスのこうした三段論法の体系に匹敵しうるものは，それより50年ばかり後にできあがったユークリッドの『幾何学

原論』ぐらいのものである．

当時としては全く異例といえるアリストテレスの三段論法が，論理学としては低級なプラトンのイデア論から発展したなどとは到底いうことができない．しかしまた，そうした三段論法がアリストテレスの頭脳の中で，無からつくりあげられたと考えることもできない．そこで当然考えられるのは，ギリシアの比例論がアリストテレスの三段論法の成立に影響を与えたのではないかということである．ユークリッドはもちろんアリストテレスより後の時代の人であるが，ユークリッド幾何学は彼が集大成した仕事であって，彼以前に比例論はかなりの体系化がおこなわれていたと推定できる．そして，こうした比例論がアリストテレスに影響を及ぼしたと考えることは決して無理ではなかろう．

比例論と音楽理論

さて比例論といっても，ギリシアでは最初はもっぱら音楽の理論と結びついた形で研究された．そしてそれが有名なピュタゴラス派の音楽論である．ところでピュタゴラスは，1:2(8度，オクターブ)，2:3(5度)，3:4(4度)のような比の長さをもつ2本の弦はよく協和するという法則を発見した．そしてそれを図であらわ

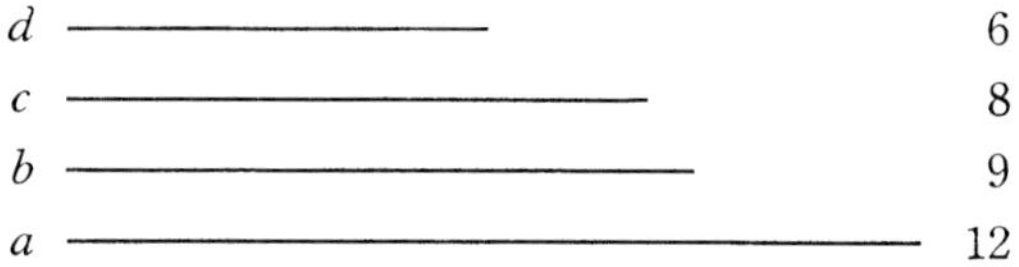

```
d ——————————————  6
c ————————————————  8
b ——————————————————  9
a ————————————————————  12
```

図26

すと，図26のとおりとなる．すなわちそこでは $d:a=1:2, c:a=2:3, b:a=3:4$ となり，8度，5度，4度がつくれる．そしてこの8度，5度，4度を現代風にあらわせば図27(a)のとおりとなるであろう．

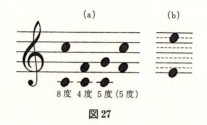

図 27

　念のために言い添えておくならば，たとえば 8 度の 8 とは，図 27(b) に見られるように，五線譜の隣りあった線と線の間に 1 本ずつ新しく線をつけ加え，音譜と音譜との間に入れられたそうした線の数と，二つの音譜自体を貫いている線を加え合わせた数である．そして 4 度と 5 度の場合の 4, 5 も同じである．このようにみると，4 度＋(5 度)＝8 度という等式の意味も理解できるであろう．というのも，4 度の上に 5 度を積み重ねてつくられた 8 度は図 27(a) における 4 度と (5 度) からもわかるように，"4 本＋5 本" からその重なった 1 本を引いた 8 本に対応するのである．

　4 度と 5 度の合成はいまのような計算の仕方だと，4 度の上端と (5 度) の下端が重なり，その重なりの分を 1 本引き去らねばならないが，4 度と (5 度) をそのように両端で把握せずに，両端をつなぐ線分で把握すればもっと簡単になる．すなわち 4 度に相当する線分と 5 度に相当する線分を足しさえすれば，8 度に相当する線分が得られることになる．そしてこれもまた図 27(a) から明らかである．

音程と比，音符と項

　ところでギリシアの音楽論では，いまの両端，つまり音符のことを horos (term) という．そして両端をつなぐ線分のことつまり音程を diastema (interval) という．horos のもともとの意味は線

分の"区切り"あるいは"端"ということであり，diastema のもともとの意味は"区切りと区切りのへだたり"あるいは"端と端とをつなぐもの"という意味であるが，それが音楽用語に使用されたのである．ところでこの diastema と horos というギリシア語はまた，ギリシア数学の比例論の術語としても使われる．そしてそこでは diastema は比の意味に，horos は比を構成する二つの項の意味に使われる．

さて前述のとおり，音楽の理論は比のことばによって記述される．したがって比の用語と音楽の用語が一致するのは当然である．ところでさっき4度+(5度)=8度という足し算について述べた．しかしこれもまた比の用語で記述できる．そしてこれは$(3:4)\times(2:3)=(1:2)$という掛け算に相当する．このように，音程と音程の足し算は，比と比の掛け算となっているが，これもまた当然のことであるといえる．実際，五線譜の線と線の間は等間隔，つまり等差数列的となっているが，これは等比数列をなす隣り同士の項を等差的に並べたものである．人間は，$R=C\log S$というフェヒナーの法則により，等比的な刺激量の変化を等差的変化として感覚するのであり，五線譜もまた，そうした原理にもとづいてつくられたものなのである．そして同じくフェヒナーの法則により，刺激量 S と T の掛け算の感覚量は，$\log(S\times T)=\log S+\log T$ によって，S の感覚量と R の感覚量との和となるのである．

音程と比と命題，音符と項と名辞

以上でピュタゴラス学派において，音楽論のことばと比の理論のことばが一致していることがわかったが，さらに加えて，論理学，特にアリストテレスの三段論法のことばもそれらと重なるということを述べよう．さてアリストテレスは horos ということばを三段論法における名辞つまり term の意味に使う．そして名辞

と名辞とを結び合わせたもの，つまり命題を diastema と呼ぶ．アリストテレスのこうした用語法は，彼に始まるものであり，彼がそうした用語法を創始したのは，明らかに当時の音楽理論および比の理論に学んだものといえる．またアリストテレスは命題を logos とも呼ぶ．しかしこの logos はラテン語の ratio であって数的比のことである．そして彼が命題の意味で使った diastema もまた，数学では比という意味だったのである．

このようにアリストテレスの三段論法がその基礎用語において音楽および比論と一致するならば，三段論法の本質ともいうべき三つの格をもつ論理式の方はどうなるだろうか．三段論法の三つの格は図23に挙げたとおりである．そしてそうした論理式に対応する比の計算を挙げれば図28のとおりとなる．

第一格	第二格	第三格
$A-B$	$A-B$	$A-\Gamma$
$B-\Gamma$	$A-\Gamma$	$B-\Gamma$
$A-\Gamma$	$B-\Gamma$	$A-B$
(α)	(β)	(γ)
$A:B = 12:9$	$A:B = 12:9$	$A:\Gamma = 12:6$
$B:\Gamma = 9:6$	$A:\Gamma = 12:6$	$B:\Gamma = 9:6$
$A:\Gamma = 12:6$	$B:\Gamma = 9:6$	$A:B = 12:9$
(α')	(β')	(γ')
$A:B = 4:3$	$A:B = 4:3$	$A:\Gamma = 2:1$
$B:\Gamma = 3:2$	$A:\Gamma = 2:1$	$B:\Gamma = 3:2$
$A:\Gamma = 2:1$	$B:\Gamma = 3:2$	$A:B = 4:3$

図 28

三段論法のアリストテレス的図形化

そこでまず，第一格，(α), (α') を幾何学的図形によって表現し

第1章　名辞論理学の発生　　　　　　　　　　31

てみよう．すると図29のとおりとなるであろう．3本の横棒は horos つまり比の項 12, 9, 6 であり，4, 3, 2 である．また，名辞 A, B, Γ である．つぎに3本の縦棒は左から順に，4:3, 3:2, 4:2 (2:1) を示す．また命題 A—B, B—Γ, A—Γ を示す．さらに3本の縦線 $AB, B\Gamma, A\Gamma$ の間には，その長さの点で，$AB + B\Gamma = A\Gamma$ という関係がなりたつ．そしてこの関係は，一方では $(A:B) \times (B:\Gamma) = (A:\Gamma)$ を意味し，他方では $\{(A$—$B) \& (B$—$\Gamma)\} \to (A$—$\Gamma)$ という三段論法の第一格を意味する．

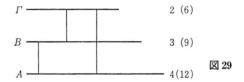

図 29

以上のようにして第一格が図示できたとすれば，第二格，第三格もまた図30のようにして表示できる．

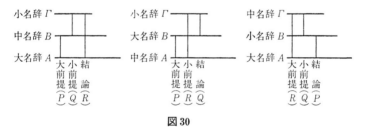

図 30

ここで大名辞，中名辞，小名辞についていえば，図28で見られるように，第一格では，大名辞は結論の第1項 A，中名辞は大前提と小前提にあらわれ，結論で消える B，小名辞は結論の第2項 Γ のことであり，第二格，第三格についても同様である．また図30の第一格では，$P + Q = R$，第二格では，$R - P = Q$，第三格

では $R-Q=P$ が読みとれ，これは比の計算では $P\times Q=R, R\div P=Q, R\div Q=P$ に相当し，三段論法では図23に相当するのである．

ところで図30の三つの図であるが，これら三つをアリストテレスはそれぞれ格と呼んだ．格とはギリシア語で schema という．そしてこの語は後になって figura というラテン語で翻訳された．そして実際 schema という語は文字どおりには図形という意味であり，この語をアリストテレスは格という意味に使用した．そしてその理由は図30を見ればただちに了解できるであろう．なぜならそこにはまさに三つの異なった図形が存在するからである．図30の三つの図を図形と呼ぶにはあるいは抵抗があるかもしれない．というのも，図形とは円や三角形のような幾何学的図形を指すと考えられるのが普通だからである．しかしそうした疑問は，ユークリッドの『幾何学原論』の7巻から10巻に至る比例論，つまり数論および無理量論の中の作図を見れば氷解するであろう．なぜなら，そこでユークリッドは比例関係をなす各項を平行する横線を用いてあらわしているからである．

三段論法と算術計算

さてアリストテレスは自らの考案になる論理体系に対して syllogismos という名称を付した．ところでこの syllogismos ということば，とくに syllogistike ということばは，算術計算，比の計算という意味であった．というのも syllogismos の syl- はもとは syn- であり，この syn- は"加え合わせる，まとめあげる"という意味の接頭辞である．したがって，syllogismos はもとは logos つまり比の計算だったわけであるが，それをアリストテレスは logos つまり命題の計算という意味に転用し，拡張したのである．

以上述べたように，音楽論もしくは比例論と，アリストテレス

の三段論法との間にはかなり徹底した同型性が成り立っていることがわかった．しかしそれでは比例論と三段論法は完全に同型であり，完全に構造を等しくするものであろうか．この問いに対する答えは明らかに否である．というのも，アリストテレスの三段論法の数学的構造はブール束であるのに対して，比例論は掛け算，割り算という数値計算であり，したがって数学的には体論的構造をもつものだからである．

論理と数理のちがい

それでは三段論法と比例論の演算は基本的にはどこがちがうのだろうか．つまり図28の上段の演算と，中下段の演算とはどこがちがうのだろうか．その違いはまず三段論法の公理としての第一格において見られる．すなわち，比の計算では，(α)においてだけでなく，$(\beta), (\gamma)$を通じて，左辺の$A, B, \varGamma$に対応する右辺の数は，図28のように12, 9, 6だけでなく，いかなる数であっても成立する．それも，$(\alpha'), (\beta'), (\gamma')$のように，$A$に対応する右辺の数が4と2のように異なっていてもかまわない．異なったとしても，前提の二つの中項の最小公倍数をとることによって，結論となる比例式を導き出すことができる．しかしながら三段論法の第一格においては事情は全くちがう．すなわち第一格が成立するのは，大前提，小前提，結論がともにA命題の場合(第一格第一式，つまりBarbara)，大前提がE，小前提がA，結論がEの場合(第一格第二式，つまりCelarent)，大前提がA，小前提がI，結論がIの場合(第一格第三式，つまりDarii)，大前提がE，小前提がI，結論がOの場合(第一格第四式，つまりFerio)の四つだけなのである．

つぎに．そうした第一格の四つの式から第二格と第三格の真なる式を演繹することについてであるが，これは前に述べた比計算

における $P^{-1}R=Q$, $R^{-1}P=Q^{-1}$, $RQ^{-1}=P$, $QR^{-1}=P^{-1}$ といった四つの式の導出に対応する．ところで比計算の場合は，確かにいかなる数値に対しても $PQ=R$ からいまの四つの式が導出されるが，三段論法の導出の場合は，必ずしもすべての場合において成功するとは限らない．そして実をいえば，第二格第一式(Cesare)，第二格第二式(Camestres)，第二格第三式(Festino)，第三格第三式(Disamis)，第三格第四式(Datisi)，第三格第六式(Ferison)の場合にしか成功しない．そしてその理由は，比の場合は P^{-1} は逆比であるが，三段論法の場合は換位であって，そうした換位はいつも可能なのではなくて，E命題とI命題の場合だけしか可能ではないのである．

こうして第二格，第三格の，換位による導出は10個のうち6個についてだけしか可能ではない．アリストテレスもこのことをよく知っていたのであって，換位による導出以外に，帰謬法による証明をおこなった．そしてこの方法でなら10個すべてを証明できるのであり，実際アリストテレスもそのすべてをおこなってみせているのである．

オイラーの図式

このようにして，比計算に比較しての三段論法の特殊性がはっきりしてきた．つまり，三段論法が束の一種であるということがはっきりしてきた．まず，第一格では四つの式だけが真であるということであるが，このうち第一式と第二式をオイラーの図式で表現すれば図31のとおりとなるであろう．そして，例えば第一格第二式についていえば，"もし A がいかなる B にも述語づけられず，B がすべての Γ に述語づけられるなら，A はいかなる Γ にも述語づけられない"，つまり"いかなる B も A でなく，すべての Γ が B であるならば，いかなる Γ も A でない"は，図31の

第1章　名辞論理学の発生

右の図でテストできる．

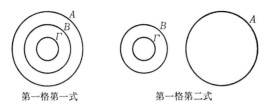

図 31

ヴェンの図式とハッセの図式

ところで図31の図式は第一格の第一式と第二式で枠組がちがってまちまちであるので，これを一つの枠組にしたヴェンの図式を使えば図32のとおりとなるであろう．そしてその図の左は第一格第一式，右は第二式をあらわす．もちろんこうした二つの図式が，図31の二つの図式と位相幾何学的に同型であることは一見して明らかであろう．

さて図32の図式の枠組とは，三つの互いに交わりあう円を四角で囲んだものであるが，こうした枠組は図2における二つの互いに交わりあう円を，三つの円にしたものである．そして記号の方も図2のものを踏襲すれば図33のとおりとなる．

三段論法の基礎となる4種の命題 A, I, E, O は前に述べたように図2で表現でき，さらに図2は図4，図17，図18で表現できることがわかった．これら4種の命題は a, b 二つの名辞からなるものであった．しかし三段論法は A, B, Γ つまり a, b, c という三つの名辞を使っておこなわれる．とはいえ，三段論法でも同じくA, I, E, Oの4種を使う．したがって，三段論法も図33を使って表現できることは当然である．ところで図33は八つのアトム的クラスから構成されている．したがって，これをハッセの図式

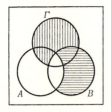
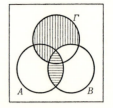

図 32

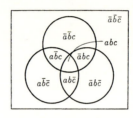

図 33

で表現すれば，総計 256 個の要素からなる網目図形となる．つまり図 2 をハッセの図式で表現した図 1 において要素の数が 16 であったのに対して，図 33 を図式化した場合はそれほど複雑になるのである．

とはいえアリストテレスの三段論法は，実はそうした複雑なハッセの図式の上に乗せることができるのであり，ここから見ても三段論法がブール束であるということがはっきりわかるのである．ちなみに言うならば，幾何学的には図 20 は 2 次元図形，図 17, 18 は 3 次元図形であるのに対して，図 1 もしくは図 4 は 4 次元図形であり，図 33 をハッセの図式化したものは 8 次元図形であるといえる．

なお，先に，比の計算と三段論法のちがいは，三段論法の場合，A, I, E, O のすべてが換位可能ではなく，E, I だけが換位可能であると述べた．そしてこのことは図 18 から図 34(a) のような左

右対称の図がとりだせ,図1あるいは図4から図34(b)のような左右対称の図がとりだせることから見ても明らかである.

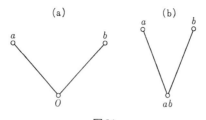

図 34

なお前に,アリストテレスは第二格と第三格の真なる式10個を第一格から帰謬法によって導出したということを述べた.そして,その際に$(pq \to r) \to (p\bar{r} \to \bar{q})$という命題論理学上の定理が使われたことを述べた.とはいえ,この定理は名辞論理学には属さない定理である.それゆえ,これは図28の$(\alpha), (\beta), (\gamma)$に対しても適用できる.なぜなら,例えば$A:B=12:9$といった等式も命題だといえるからである.それゆえ帰謬法に関していえば,三段論法と比例計算との間には差異はないといわねばならない.そしてまた,帰謬法は三段論法の構造の本質を規定するものではないといわねばならない.

体論的体系と束論的体系

以上の説明でアリストテレスの完璧なほどに体系化された三段論法が,無からひねりだされたのではなくて,彼以前から存したピュタゴラス派の音楽論,比例論の計算をみならったものであるということが理解できたと思う.しかし古代ギリシアにおける数学と論理学の蜜月,つまり比例論と三段論法との蜜月は長くは続かない.アリストテレスは両者のパラレリズムが一定の段階で決裂することを感じとったのであり,そうした比例論からの論理学

の自立が,すなわちアリストテレスの三段論法の成立といえるであろう.そしてこのことはまたアリストテレスにおいて,数計算といった体論的体系とは全く別な束論的体系が存在するということが,まだ不完全な形ではあるが意識され始めたということを意味するといってよいであろう.

第2章　近代における名辞論理学の完成

アリストテレスとブール

　古代ギリシアのアリストテレスにおける数学と論理学との間のパラレリズムと，そうしたパラレリズムからの論理学の自立というできごとが，近代になってもう一度，そしてこんどはもっと大きな規模において繰り返される．そして，こうした試みの口火はライプニッツによって切って落とされる．ライプニッツは確かに近代の記号論理学の祖といわれる．しかしライプニッツはあくまでも豊富なアイディアを出しただけであって，若干の試みはおこなったものの，記号論理学の体系をつくりあげたなどとはとうていいうことができない．とはいえ，いったん試みられたライプニッツによる論理学の記号化あるいは数学化は，その後絶えることなしにいろいろのひとびとによって継承される．そうしたひとびとがオイラーであり，ランベルトであり，ハミルトンであり，ド・モルガンであった．しかし，記号論理学とくに名辞論理学の一応の記号化および代数的計算化に成功したのはイギリスの数学者ブールが著した『論理学の数学的分析』(1847)においてであるから，ブールのこの書物において，数学と論理学のかかわりあいと，数学からの論理学の自立を考察してみよう．

ブールにおける論理学の数学化

　ブールはアリストテレス以来の論理学つまり名辞論理学を代数的な記号で書き換えることによって，論理学の数学化を試みた．彼はアリストテレスの三段論法の4種の命題 A, I, E, O をつぎのような方程式で表現した．

A……すべての a は b である……$a(1-b)=0$ または $ab=a$

I……ある a は b である……$ab=v$

E……いかなる a も b ではない……$ab=0$ または $a(1-b)=a$

O……ある a は b でない……$a(1-b)=v$

ここで a,b は特定のクラスである。そして v は不定のクラスであり、例えば $ab=v$ において v はある a であってもいいし、ある b であってもよい。また $(1-b)$ は全クラスから b を除いたクラス、つまり"bの否定"を意味し、ab は"aとb"を意味する。するとブールのいまの四つの方程式はハッセの図式に乗せることが可能である。すなわち、$a(1-b)=0$ は図17に、$ab=0$ は図18に乗る。また $ab=v$ と $a(1-b)=v$ はともに図1にうまく乗る。

三段論法の代数化

つぎに三段論法の方であるが、ブールによれば、それは $AX+B=0$ と $A'X+B'=0$ という二つの方程式から X を消去し、$AB'-A'B=0$ という式をつくることに相当する。つまりそれは二つの前提から中名辞を消去して、中名辞なしの結論をつくるという三段論法の操作に対応する。ところで最後の式 $AB'-A'B=0$ の左辺は現代のことばでいえば行列式 $\begin{vmatrix} A & B \\ A' & B' \end{vmatrix}$ のことである。ここから見てもブールの代数計算はほんとうの代数、つまりそこにいかなる数をあてはめても成り立つ式の計算と同型であるように見える。実際、さきに挙げた A, E の定義にしても、例えば $a(1-b)=0$ という式の括弧をはずして $a-ab=0$ をつくり、さらにそれに移項の操作を加えることによって $ab=a$ という式が導き出されるのである。

さてブールの代数的消去法によってアリストテレスの三段論法を計算化してみよう。まず第一格第一式についてはつぎのとおりとなる。

$$\begin{cases} c(1-b) = 0 \cdots\cdots (1) \ \text{すべての } c \text{ は } b \text{ である.} \\ a(1-c) = 0 \cdots\cdots (2) \ \text{すべての } a \text{ は } c \text{ である.} \end{cases}$$

$$\begin{cases} (1-b)c+0 = 0 \cdots\cdots (1') \\ -ac+a = 0 \cdots\cdots (2') \end{cases}$$

ここから公式を使って c を消去すると,

$$(1-b)a-0 = 0 \quad \text{つまり} \quad a(1-b) = 0$$

が出る．そしてこれは"すべての a は b である"である．

第一格第二式はこうである．

$$\begin{cases} cb = 0 \quad \text{いかなる } c \text{ も } b \text{ ではない.} \\ a(1-c) = 0 \quad \text{すべての } a \text{ は } c \text{ である.} \end{cases}$$

$$\begin{cases} bc+0 = 0 \\ -ac+a = 0 \end{cases}$$

消去法により $ab-0=0$ つまり $ab=0$，そしてこれは"いかなる a も b ではない"である．

いままでのところ数学における代数計算と論理学上の計算は全くパラレルであった．そしていままでに使った計算上の規則を列挙すれば次のようになる．

$$\left.\begin{array}{l} A+B = B+A \\ AB = BA \end{array}\right\} \ \text{交換律}$$

$A(B\pm C) = AB\pm AC$ 　分配律

$A = B$ ならば $AC = BC$

$A = B$ ならば $A\pm C = B\pm C$

この公式には"$X+A=B$ ならば $X=B-A$"という減法の可能性あるいは移項の可能性が含まれる．

$0\times A = 0$

$1\times A = A$

数学と論理学のパラレリズムの不成立

　以上の公式から見る限りでは，この論理学上の公式は，そっくりそのまま数を代入しても成立するものである．しかしながら，論理学と数学のパラレリズムは完全ではない．ある地点から先はそうしたパラレリズムは崩壊する．そして，ブールはもちろんこのことに気づいていた．例えばブールは論理学上のもっとも古くもっとも基本的と考えられる矛盾律を，$A(1-A)=0$ という式で表現した．この式は，前掲の図20にも乗るし，もちろん図1にも乗りうる．しかしこの式をさっきの公式を使って変形すると $A-A^2=0$ となり，さらに $A=A^2$ となる．しかしこの最後の式は，数の領域では一般には成り立たない式なのである．それゆえブールはむしろこの式を論理学上の公理とし，law of index つまり指数律と名づけて，この式をもって数学と論理学の違いを示した．ブールによるこの指数律の発見はいくら高く評価してもしきれないのであって，この $A=A^2$ という指数律こそ，後になってからブール代数あるいはブール束と呼ばれる代数系の公理のかなめをなす冪等律と呼ばれるものだったのである．

ブール束の萌芽

　こうしてブールは，後世のブール束の原型をつくりあげたといってよいのであるが，残念ながら彼が見落した重要な法則がある．その法則とは，束論で双対律と呼ばれる法則である．双対律とは，ブール束における定理について，その定理の中の and($\cap$) と or($\cup$) を入れかえ，さらに I と O を入れかえてできた新しい式はやはり定理であるという法則である．図1もブール束であるからそれを例にとって説明しよう．さて，そこにつぎの二つの式があるのに気づくであろう．

$$\begin{cases} a\bar{b} \cup \bar{a}b = (a \cup b)(\bar{a} \cup \bar{b}) \\ (a \cup \bar{b})(\bar{a} \cup b) = ab \cup \bar{a}\bar{b} \end{cases}$$

ここで例えば $a\bar{b}$ は $a \cap \bar{b}$ を簡単にしたものである．すると一見してそこに双対律が成立していることがわかるのである．またつぎの一対の式も図 1 からともに成立することをテストできるが，それらが双対的な関係にあることは直ちに読みとれるであろう．

$$\begin{cases} (a \cup b) \cup (\bar{a} \cup \bar{b}) = I \\ (ab)(\bar{a}\bar{b}) = O \end{cases}$$

以上の 2 例からもわかるように，双対性というものは，実は図 1 におけるように，ハッセの図式における上下の対称性からきたものであるということができる．

アリストテレスとブールにおける双対律の未発見

さてアリストテレスももちろん，この双対律には気づいていない．実際アリストテレスの A, I, E, O をハッセの図式である図 1，図 17，図 18 に乗せる場合，それらの図の下半分しか使われていないことからもそれは明らかである．さてアリストテレスではもちろん論理操作として，"そして"と"ではない"は使用されている．しかし"あるいは"の方はほとんど使用されていない．ただ例外的には，排中律つまり $a \cup \bar{a} = I$ という形で"あるいは"が使われる．これは"全クラスは a か $\bar{a}$ かという形で二分され，その中間的なクラスは存在しない"という意味である．そしてこの $a \cup \bar{a} = I$ は，$a\bar{a} = O$ という形での矛盾律と双対をなしているのである．しかしアリストテレスにおける双対性はいまのような限られた形でしか，つまり図 20 という形でしか知られておらず，図 1，図 17，図 18 に出てくるような $a \cup b$ といった一般的な形での"あるいは"は出てこない．

これに反して，ブールでは"そして"の操作は"AB"という掛

け算の形で，"ではない"という操作は"$1-A$"という形であらわされ，さらに"あるいは"の操作は"$A+B$"という形であらわされている．つまりブールでは"掛ける"という操作とともに"引く"と"足す"の操作が使われ，それらはそれぞれ"そして"，"ではない"，"あるいは"という論理的操作を表現するのに使われたのである．

排他的選言と非排他的選言

このようにブールは"あるいは"という操作を導入することによって，アリストテレスから長足の進歩を遂げたのであるが，しかしまさにこの"あるいは"という操作の定義において九仭の功を一簣に虧くことになる．そもそも"あるいは"には二通りの意味がある．一つは排他的であり，もう一つは非排他的である．そしてブールは排反的な"あるいは"の方を選んだのである．

まず，"排他的"と"非排他的"な"あるいは"を図によって説明しよう．"排他的"の方をブールにならって"$+$"で，"非排他的"の方は束論の記号を使って"$\cup$"であらわそう．すると図35の(a)と(b)のようになる．すなわち，"あるいは"は(c)と(d)のようにA, Bが全く離れているときは，排他と非排他とで変りはないが，(a), (b)の場合のようにAとBが交わっていると，排他の方は，交わった部分を除いた部分だけが"AあるいはB"となる．そしてブールはこちらの解釈を採用した．しかしいったんこの解釈を採用すると，ブールの体系において，例えば$1+A$という式は図35(e)からもわかるように，$1-A$と等しくなる．また$A+A$は(f)からもわかるように0と等しくなる．実際また$1+A=1-A$から計算によって$A+A=0$を導き出すことができる．

さてさきに述べた双対性であるが，"あるいは"を$\cup$の意味にとればつぎのようなきれいな双対性が見られる．

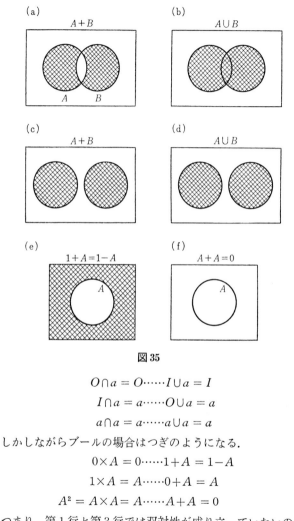

図 35

$$O \cap a = O \cdots\cdots I \cup a = I$$
$$I \cap a = a \cdots\cdots O \cup a = a$$
$$a \cap a = a \cdots\cdots a \cup a = a$$

しかしながらブールの場合はつぎのようになる．

$$0 \times A = 0 \cdots\cdots 1 + A = 1 - A$$
$$1 \times A = A \cdots\cdots 0 + A = A$$
$$A^2 = A \times A = A \cdots\cdots A + A = 0$$

つまり，第1行と第3行では双対性が成り立っていないのであ

る.

　このようにブールの記号体系では双対性が成り立たないことがわかった. しかしこのことはブールの体系自体が束でないということを意味しない. ブールの記号体系のなかにつぎの式によって, ∩と∪を導入すればよい.

$$AB = A \cap B$$
$$A+B = (A \cup B) - (A \cap B)$$

そうすればブールの体系の中で, ∩と∪に関しては双対律が十分に成り立つ.

　このようにブールは彼の論理学の記号化に際して, 否定以外に, ×と＋の操作を使用し, ×を"そして", ＋を排他的な"あるいは"と解釈した. ところで×と＋に関する限り, ブールの掲げた公理や彼の演算の実際から見て, 彼の体系は現代数学でいう環, しかも彼の名前に因んで名づけられたブール環であると断定できる. しかしながらいまも述べたように, ブールの体系に∪, ∩を導入できるし, また, ブールのおこなったいろいろの演算はすべて図1に乗るのであるから, 彼の体系はまた束, しかも彼の名前に因んで名づけられたブール束であるといってもいい. しかし彼は残念ながら, ∪, ∩に相当する概念や記号を導入しなかったので, 双対的な構造を発見するにはいたらなかったのである.

ジェヴォンズによる非排他的選言の採用

　そこでつぎの問題は, そうした双対性を誰が発見したのかということになる. しかし双対性を見出すための前段階として, まず"あるいは"をブール的な排他的なものから非排他的なものへと切り換える必要がある. これをおこなったのはジェヴォンズであり, 彼はブールの体系をよく研究し, 自らの論理学の基本操作を非排他的な"あるいは"を採用することに踏みきった. その結果

つぎのような対をなす法則を発見したのである．

$$AA = A \cdots\cdots A+A = A$$
$$A+AB = A \cdots\cdots A(A+B) = A$$

第1行の右の式はジェヴォンズの使用した＋の記号がブールとちがって非排他的であること，したがって左の式の双対であることを示している．また2行めの双対的な二つの式は吸収律と呼ばれる．この二つの式が成立することは図1の図式で確認できるであろう．もちろん図1ではジェヴォンズの＋は∪になっている．そしてこの吸収律のテストにおいて，ジェヴォンズの体系がもはやアリストテレスの三段論法の枠を大きくはみ出して，図1の上半分の領域，つまり∪が使われている領域へと踏み込んだことに気づくであろう．

ちなみにジェヴォンズは自らの体系を"類・種の代数学あるいは質の代数学"(algebra of kind or quality)と呼んだ．このことは $A+A=A$ の式について特に適切である．というのも A が量ならば $2A$ となりかねないところだからであり，それに反し A を質と考えれば，同じ質のものを加えても質そのものは変わらないからである．ブールは論理学の代数化を志したのであるが，数量を扱う古くからの意味での代数とのパラレリズムを追求しすぎた結果，$A+A=0$ といった式に対しては論理的解釈を下しにくくなってしまったのであるが，ジェヴォンズははっきりと自分の代数体系は数量を扱うものではなく，したがって $A+A=A$ という式が出ても当然であり，むしろそこにこそ，数学とは異なる論理学の特有性があると見たのである．

シュレーダーによる双対律の発見

さてジェヴォンズは確かに非排他的な"あるいは"を自己の体系の基礎に据え，双対的な法則をいくつか見つけだしたが，双対

性の原理そのものを確立したわけではなかった．そしてこの確立者は，ブール以後の論理代数のいろいろな試みの大成者であるシュレーダーである．彼はその著『論理代数講義』(1891)において双対性の原理(Satz des Dualismus)という名のもとに"ある真なる命題から，その中の＋と×（×の記号は場合によれば省略される），0と1とを互いに入れ換えることによって新しい命題をつくっても，その命題はやはり定理である"という原理をうち立てたのである．シュレーダーはこの原理に導かれて，対をなす定理をつぎつぎと証明していったが，そのうちで意味があるのはなんといってもつぎのようなド・モルガンの定理であろう．

$$\begin{cases} \overline{AB} = \bar{A} + \bar{B} \\ \overline{A+B} = \bar{A}\bar{B} \end{cases}$$

この定理はブールと同時代に活躍した同じイギリスの論理学者ド・モルガンが命題論理学上の定理として発見していたものであるが，シュレーダーはその定理とアナロジカルな定理を，名辞またはクラスにおいてもうち立て，それにド・モルガンの定理という名を与えたのである．

二重否定律と点対称

さてこのド・モルガンの定理は，表記法を変えれば，$\overline{a \cap b} = \bar{a} \cup \bar{b}$ と $\overline{a \cup b} = \bar{a} \cap \bar{b}$ となる．それら二つの等式が成立することは図1によって一目瞭然である．そして更に，図1から $\overline{\bar{a} \cap \bar{b}} = a \cup b$ と $\overline{\bar{a} \cap \bar{b}} = a \cap b$ という等式が成立することも確認できる．ところでここで横棒つまり否定の記号は，図1では，一つの要素を点対称の位置に動かすことを意味する．そのもっとも簡単な場合が a の場合であり，a の否定つまり $\bar{a}$ は，a と点対称の位置にあり，さらに $\bar{a}$ の否定つまり $\bar{\bar{a}}$ は $\bar{a}$ の点対称の位置にある．そして a の否定の否定は，もとの a の位置にもどってくるわけである

から $\bar{\bar{a}}=a$ という等式も成り立つ．シュレーダーもこの式を $\bar{\bar{A}}=A$ として定理の中に入れているのであり，これはいわゆる二重否定の法則にほかならない．

このように，シュレーダーにおいて双対性の原理，二重否定の法則，ド・モルガンの法則が導入されたということの効果を図1で見れば，三段論法においては，図1はその一部しか利用されていなかったが，こんどはその全域がフルに利用されたことになったのであり，シュレーダーの体系におけるそれぞれのエレメントは，図1の全空間をところせましと遊動するようになったといえよう．

ところでいま述べた二重否定律についてであるが，これは図1についていえば，点対称をなすすべての要素についてあてはまる．そして図1は，一見してわかるとおり図自体が完全な点対称をなしているのである．すなわちまず O と I がそうであるし，a と $\bar{a}$，b と $\bar{b}$ ももちろんであるし，ab と $\bar{a}\cup\bar{b}$，$a\cup b$ と $\overline{ab}$ もそうである．

論理学の中の群論的構造

さてそうした対称図形は，一般に数学的には群論のことばで記述される．そしていまの場合もその例外ではないのである．すなわち，横棒つまり否定の操作を n とすれば，a から $\bar{a}$ をつくる操作は n であり，$\bar{a}$ から $\bar{\bar{a}}$ をつくる操作も n である．ところで $\bar{\bar{a}}=a$ は，a に n の操作を2度続けておこなえばもとの a にもどることを意味するから，$n^2=e$ という式になる．ここで e はなんの変化もおこさない操作，つまりもとのままにしておく操作を意味する．そしてこの $n^2=e$ から見て，ここには群論の構造があることは明らかである．その乗積表は図36の(a)のとおりである．こうして $\bar{\bar{a}}=a$ という式も $n^2=e$ という式も二重否定律，つまり"否定の否定は肯定"という法則をあらわすが，前の式は束論における式

であり，後の式は群論の方の式だといえる．

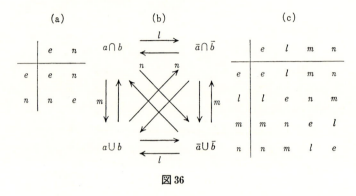

図36

さらに対称といえば，例えば図1の$a\cup b, \bar{a}\cup \bar{b}, ab, \bar{a}\bar{b}$のクヮルテットおよび$a\cup \bar{b}, \bar{a}\cup b, a\bar{b}, \bar{a}b$のクヮルテットは図で見る限り垂直軸と水平軸の双方に関して対称である．したがって，それらクヮルテットの中の四つのエレメント同士の間の変換操作は，群論でいうクラインの四元群をつくる．図36の(b)を見よう．まずa, bの両方ともをそれぞれ否定する操作をlとしよう．これが左右の関係である．つぎに∩と∪を入れかえる操作をmとしよう．これが上下の関係である．最後にa, bの両方ともをそれぞれ否定し，なおかつ∪と∩を入れかえる操作をnとしよう．これが斜めのもの同士の関係である．

つぎに乗積表をつくろう．例えば$a\cap b$にlの操作を施し$\bar{a}\cap \bar{b}$をつくり，さらにそれにmの操作を施し$\bar{a}\cup \bar{b}$をつくる．するとこれは$a\cap b$にnの操作を施して$\bar{a}\cup \bar{b}$をつくるのと同じである．したがって，$lm=n$という式がつくれる．同様にして$ml=n$という式もつくれる．そして以上のような乗積のすべてを表にすれば図36の(c)ができあがる．そしてここからl, m, n, eの四つの

要素がクラインの四元群と呼ばれるものを構成することは明らかである.ちなみに (b) における $n^2=e$ という関係をとりだしてみれば,これは $\overline{a\cap b}=\bar{a}\cup\bar{b}$ 等々といったド・モルガンの定理のことを述べているということがわかる.

シュレーダーがそうした群論的構造を発見したわけではもちろんない.こうした発見は20世紀になってから知能心理学者ピアジェがその著『論理学』(Traité de Logique, 1949) の中で初めて主張したものである.しかし,シュレーダーの中の二重否定律やド・モルガンの定理,そしてハッセによる図1のような図式がピアジェ群の発見の出発点になったということは明らかである.

論理学の図式化の発展

ここらでハッセの図式といったものの由来に触れることにしよう.この図式はドイツの抽象代数学者ハッセらによって19世紀の末ないしは20世紀になってから考案されたものである.アリストテレス自身は,図30に示したように,ユークリッドの比例論に見られるような幾何学図形を使ったと考えられる.ただしこれは筆者による推定であって,アリストテレスあるいはアリストテレス註釈家の写本の挿絵として直接見られるものではない.さて,その次にアリストテレスの三段論法の図解として出現した図式は19世紀のスイスの大数学者オイラーによるものであって,彼は"ドイツの或る公女に宛てた書簡"(1761) の中で図37のような図式を示した.

このオイラーの図式は,実をいえばオイラーが最初ではなく,ライプニッツも使っていたし,さらにはルネッサンス期の論理学者たちにまで遡りうる.また絵の実物こそ伝わっていないが,解釈の仕方によってはアリストテレスのテキストの中からさえもその存在が推定できる.とはいえ,オイラーのこの図式はさほど優

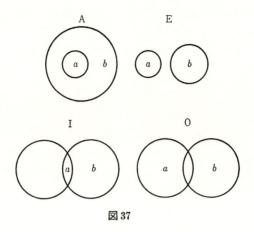

図 37

れたものとはいえない.というのも,オイラーの図式はIとO に対する図式は同じだとしても,AとEはそれぞれいまの図とは違ったものを使わねばならず,それで三段論法を表現するとなれば,図31からもわかるようにひどく多様なものになってしまうからである.この欠陥を補うために発明されたのが,ブールより少し後に現われた同じイギリスの論理学者ヴェンによるいわゆるヴェンの図式である.そしてこの図式は,1881年に刊行された彼の著作『記号論理学』(Symbolic Logic)の中で見ることができる.

ヴェン方式とブール方式のちがい

ヴェンの図式においてクラスまたは名辞が a と b のように二つの場合は,図2がその基本的枠組を提供する.つまりそこでは全論理空間が四つのセクションに分割されている.そしてこの枠組をもとにして,A, I, E, Oが図16のように示される.また三段論法のように a, b, c といった三つの名辞を使う場合は,図33のような基本的枠組を利用して,これにA, I, E, Oを表現するための

記入をおこなえばよい．

さて図16におけるA, I, E, Oの図式をよく検べてみよう．すると A は $a\bar{b}=O$, I は $ab\neq O$, E は $ab=O$, O は $a\bar{b}\neq O$ とあらわせる．というのも図16に書き込まれた星印は，そのセクションが空でないこと，つまり実だということを示すからであり，空は"$=O$"で示すことができ，実は"$\neq O$"で示せるからである．ところでA, I, E, Oの表現法は，前に述べたブールの場合と較べると，A, Eについては同じだが，I, Oはブールでは $ab=v, a\bar{b}=v$ であって，明らかに異なるのである．

さて $ab=v$, $a\bar{b}=v$ の解釈は，ブールの理論を述べたときに示しておいた．このブールの方式の方がアリストテレスの三段論法の再構成としては正しいのであって，ヴェンの方式でのA, I, E, O, そしてそれにもとづく三段論法の再現はアリストテレスのテキストに忠実ではない．ところでブールの方式での三段論法の真なる式は，アリストテレスと同じ14個である．ところがヴェンの方式によれば12個の式しか真でないことになる．それゆえ，アリストテレスおよびブールの方式とヴェンの方式とは明らかにちがう．そして図1，つまり束の理論にはアリストテレスおよびブール方式の三段論法だけが乗るのであり，ヴェン方式の方は乗らない．

しかしながら，そうだとすると，ヴェン方式の三段論法とはいったいなんであろうか．その答えは，実をいえばヴェン方式の三段論法は，一応は名辞論理学のように見えてはいるが，内容的には名辞論理学ではないのである．すなわちヴェン方式のA, I, E, O命題は，後に述べる限量論理学に含まれるべきなのである．こうしてアリストテレスの三段論法こそは，名辞論理学の原点にあったのであり，ブールを経て，ブール束に至る道がその延長であ

ったといえるのである．

ルイス・キャロルの考案

ところでヴェン方式の方はさておき，ヴェンの図式の基本的枠組である図2および図33に関する限り，それらの図における各セクションは，図1および図4からもわかるように，ハッセの図式における最下の要素，つまりアトム的要素と正確に対応している．そしてこれらの四つおよび八つのセクションもしくはアトム的要素はまた，ヴェンおよびシュレーダーが提出したつぎのような定理と正確に対応している．

$$1 = (A+\bar{A})(B+\bar{B}) = AB+A\bar{B}+\bar{A}B+\bar{A}\bar{B}$$
$$1 = (A+\bar{A})(B+\bar{B})(C+\bar{C}) = ABC+AB\bar{C}$$
$$+A\bar{B}C+\bar{A}BC+A\bar{B}\bar{C}+\bar{A}B\bar{C}+\bar{A}\bar{B}C+\bar{A}\bar{B}\bar{C}$$

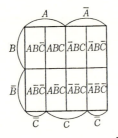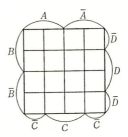

図38

ところで，この二つの式の中の $(A+\bar{A})(B+\bar{B})$ および $(A+\bar{A})(B+\bar{B})(C+\bar{C})$ を見ると，これらの式の図式化は必ずしも図2や図33に限らず，むしろ図3および図38の方がぴったりするように思える．ところでこの図3，図38の図式はルイス・キャロルの『記号論理学』(Symbolic Logic, 1896)に出てくるものである．このルイス・キャロルなる人物は，例の『不思議の国のアリス』を書いたひとであるが，本名はC. L. ドジスンといって，れっきとし

た数学者兼論理学者であった．ところでこのキャロルの図式はヴェンよりは15年ほど後に発表されたものであるが，図式としてはキャロルの方がすぐれている．というのも，キャロルの図式は，図38に見られるように，A, B, C, Dの場合でも，そしてそれより多くの場合でもきわめて簡単に表現できるが，ヴェンの場合は，そのように項の多い場合の表現は難しいからである．

ハッセの図式と束論

とはいえ，ハッセの図式に較べればオイラーもヴェンもキャロルも五十歩百歩であるといわねばならない．ハッセは20世紀のドイツの代数学者であって，ハッセの図式は彼に因んで名づけられたのだが，彼が最初にそれを発明したわけではない．しかしこの図式がヴェンやキャロルの図式より後に出現したことは確かである．ところでこのハッセの図式は図1に見られるように，単に$ab, a\bar{b}, \bar{a}b, \bar{a}\bar{b}$といったアトム的要素だけではなく，それらアトムからなるあらゆる組み合わせを図式の上に乗せ，しかもそれら全要素間の関係のすべてをも一目で見渡せるようにしたものなのである．

ちなみに束論とは，半順序集合を扱った数学的構造であって，その起源は，シュレーダーおよびパースといった記号論理学者にあるが，それを抽象代数学の一分野として純粋に数学的な扱いをした最初の人物は数学者デデキントであって，彼はそうした分野を"双対群"(Dualgruppe)の理論と呼んだ．この命名法は，"掛ける"という1種類の操作しかもたない群構造を拡張し，もう一つの操作を付加し，これら2種の操作に関して双対性が成り立つような構造を説明的に名指す点ではきわめて適切なものである．しかしこの新しい構造はもはや群構造というよりは，それとは全く別の新しい構造だということがはっきりしてきたので，同じく数

学者である Fr. クラインが,群と対抗させる意味で"束"(Verband)という名を与えた.そしてドイツではこの Verband という語が定着し,日本でもその直訳である束という語が定着した.Verband という語は束という意味もあるが,ここの場合は実は組合とかクラブという意味であり,群つまり Gruppe あるいは group が人間集団という意味であるのに呼応する.抽象代数学でいう群と束は,ともに代数学的要素を個人と見たてた集団すなわち集合体であって,ただ,これら両者は集団の規約つまり公理がちがうだけだということから来た命名である.

これに対し,同じ半順序集合的集合である Verband を英米圏では lattice と呼ぶ.この語は,束論を大成させたアメリカの数学者バーコフの命名であって,文字どおりには格子細工の幾何学的模様を意味し,これは明らかにハッセの図式を意識したものである.そしてフランス語でも束論のことを,バーコフにならって treillis あるいは réseau の理論と呼んでいるが,ともに格子紋様や網の目模様のことを意味しているのである.

さてこのようにバーコフによって完成された束論は,実はかなり一般的な公理系である.そして論理学,とくにこれまで述べてきた名辞論理学は,そうした一般的な束論のうちのごく一部分を構成するところの分配可補束であるといえる.そしてこの分配可補束はまたブールに敬意を表してブール束と呼ばれる.ところで分配束とは,前に述べた分配則,$A(B+C)=AB+AC$ に相当する $a \cap (b \cup c) = (a \cap b) \cup (a \cap c)$ とその双対 $a \cup (b \cap c) = (a \cup b) \cap (a \cup c)$ が成り立つような束である.また可補束とは,任意の a に対して $a \cap \bar{a} = O$, $a \cup \bar{a} = I$ を満たすような要素 $\bar{a}$ つまり補要素が存在するような束のことである.そしてこれは,図1において見られるように,すべての要素が点対称的に配置されていると

いうことを意味するのである．

　このようにして名辞論理学の構造がいかなるものであるかということと，その構造がより一般的な構造のうちのどこに位置づけられるかということがわかった．しかしながら，名辞論理学が論理学のすべてではない．そこで論理学史上，名辞論理学に次いで2番目に登場した命題論理学の歴史を眺めることにしよう．

第3章 命題論理学の成立

命題論理学と名辞論理学の同型性

命題論理学もまた束論の一種であるから,ハッセの図式に乗せることができる.命題論理学に対するハッセの図式のうち,二つの命題 p, q に関するものは,図39のとおりである.この図は構造そのものとしては,図1および図4と全く同じである.ただ図39は,図4における a, b といったクラスのかわりに p, q のような命題を置き,I, O のかわりに T(真),F(偽)を置き,クラス間の連言記号 ∩ と選言記号 ∪ のかわりに,命題間の連言記号と選言記号 ∧ と ∨ を置く.ただし ∧ の方は場合によっては省略することがある.そして否定記号の方はそのまま横棒とする.また名辞論理学での内含の記号 ⊂ には,命題論理学における含意記号 → が対応する.以上のような置き換えをおこなってみれば命題論理学における矛盾律,排中律,吸収律,ド・モルガンの法則などもまた,図の上で容易に確認できる.

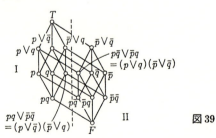

図39

さて命題論理学の歴史的な起源であるが,命題論理学の場合は,三段論法とちがって単系的ではなく,むしろ複数個の起源をもつ

といわねばならない．そしてその主たるものを三つ挙げれば，(1)ペリパトス派の命題論理学，(2)ストア派の命題論理学，(3)中世スコラの命題論理学である．そこでそれら三つを順を追って述べていくことにしよう．

テオプラストスの命題論理学

まずペリパトス派の命題論理学について述べる．ペリパトス派とはアリストテレスをその創始者とする学派であるが，この学派の大立者であり，アリストテレスの直弟子であるテオプラストスが，後世，仮言的三段論法といわれる命題論理学をつくりだした．そしてその内容はつぎのとおりである．

第一格	第二格	第三格
$p \to q$	$p \to r$	$p \to q$
$q \to r$	$q \to \bar{r}$	$\bar{p} \to r$
$p \to r$	$p \to \bar{q}$	$\bar{q} \to r$

図 40

これらの三つの格は，現代の論理学の目から見てももちろん正しいものである．また第二格と第三格は第一格から演繹することが可能である．

さてこの第一格をテオプラストスのテキストで語らせるとこうなる．"もし A であれば B である．もし B であれば Γ である．ゆえにもし A であれば Γ である"．この A, B, Γ に具体的な名辞を入れ，こんどは第二格について見るとこうなる．"もし人間であれば生物である．もし石であれば生物でない．ゆえに人間であれば石でない"．

このようにテオプラストスでは仮言命題の p, q, r は "A である"，"B である"，"Γ である" という特定のタイプの命題を意味している．ところで，そこに出てくる A, B, Γ を三つの格のそれ

それに出現する順序で書き並べてみるとつぎのとおりとなる．

第一格	第二格	第三格
$A \cdots B$	$A \cdots \Gamma$	$A \cdots B$
$B \cdots \Gamma$	$B \cdots \Gamma$	$A \cdots \Gamma$
$A \cdots \Gamma$	$A \cdots B$	$B \cdots \Gamma$

図 41

さて図 41 を図 23 と較べてみよう．するとある程度の類似性が見うけられる．しかしもちろん相違性も見られる．相違点の第 1 は，図 23 では例えば A と B は横の実線で結ばれているのに，図 41 では横の点線で結ばれていることである．実線の方は "A は B について述語づけられる"，例えば "人間は生物について述語づけられる" を意味し，点線の方は "もし A であれば B である"，例えば "人間であれば生物である" を意味する．相違の第 2 は，図 41 と図 23 では，第一格は同じ配置なのに，第二格と第三格が交換されていることである．この交換はなにを意味するのだろうか．テオプラストスが自分の仮言三段論法に第一格から第三格までの命名をおこなったのは，もちろんその師アリストテレスの三段論法，つまりいわゆる定言的三段論法を模範としたものである．そこでアリストテレスの図 23 から出発しよう．まず図 23 から図 42 をつくろう．

第一格	第二格	第三格
$B \sim A$	$B \sim A$	$\Gamma \sim A$
$\Gamma \sim B$	$\Gamma \sim A$	$\Gamma \sim B$
$\Gamma \sim A$	$\Gamma \sim B$	$B \sim A$

図 42

図 42 の波線を含む命題は "B は A である" 等々を意味する．それゆえ図 42 で図 23 の各命題の二つの項がみんな逆になった理

第3章 命題論理学の成立

由は明らかであろう．というのも，図42の波線を含む命題"BはAである"は図23の実線を含む命題"AはBについて述語づけられる"と同じだからである．ところで図42の第一格のBにMを，AにPを，ΓにSを代入し，第二格のBにPに，AにMを，ΓにSを代入し，第三格のΓにMを，AにPを，BにSを代入すると図43が生じるであろう．

第一格	第二格	第三格
$M \frown P$	$P \frown M$	$M \frown P$
$S \frown M$	$S \frown M$	$M \frown S$
$S \frown P$	$S \frown P$	$S \frown P$

図43

この図43は，中世および近世の伝統的論理学書でしばしばお目にかかるものであるが，アリストテレスの三段論法に発するものであることはもちろんである．

さてつぎに図42を変形して，図44をつくろう．これは図42の大前提と小前提を交換することによってできあがったものである．

(a)	(b)	(c)
$\Gamma \frown B$	$\Gamma \frown A$	$\Gamma \frown B$
$B \frown A$	$B \frown A$	$\Gamma \frown A$
$\Gamma \frown A$	$\Gamma \frown B$	$B \frown A$

図44

ここで大前提と小前提を交換した理由はこうである．図23についていえば，三つの格のそれぞれの結論の前項は大名辞であり，後項は小名辞である．そしてこのことは図30を見ればわかることである．さらに図23を見れば，各格において，結論の前項は大前提にあらわれ，後項は小前提にあらわれる．つまり，大名辞

と小名辞が前提であらわれる順序と，結論であらわれる順序とが同じである．しかしこれに反して図42および図43では，大名辞と小名辞が前提であらわれる順序と，結論であらわれる順序が逆になっている．それゆえ，同じ順序にしようとすれば，図42と図43における大前提と小前提を逆にしなければならなかったのである．ところでこのようにしてできあがった図44の三つの推論式のすべてにおいて，ΓにAを代入し，AにΓを代入すると，A, B, Γの配置に関する限りは図41と全く同じになるのである．

図40において示されたテオプラストスの仮言的三段論法の実体は図41に見られるような，名辞を含む特定の命題についての命題論理学であったが，そのような性格の命題論理学が出現したのは，アリストテレスの三段論法の影響のもとにおいてであった．そしてそうしたことは，テオプラストスの仮言的三段論法に対する上述の分析から見ても十分証明できたといえるであろう．

ストアの命題論理学

つぎに命題論理学の第2の源であるストアの論理学に移ろう．ペリパトス派の命題論理学に較べると，ストア派の命題論理学はずっと進んだものだといえる．さてストア派は，命題p, q, rといった現代的記法に相当する語として，"第一(命題)"，"第二(命題)"，"第三(命題)"といった表現を使う．そしてこの表現を使ってストア派はつぎのような妥当な5個の推論式を発見した．

(1) 　第一ならば，第二．

　　　第一．

　　　ゆえに第二．

　その実例としては，

　　　昼間であれば，明るい．

　　　昼間である．

ゆえに明るい．

(2) 第一ならば，第二．
第二でない．
ゆえに第一でない．

(3) 第一であり同時に第二であるということはない．
第一．
ゆえに第二でない．

(4) 第一あるいは第二．
第一．
ゆえに第二でない．

(5) 第一あるいは第二．
第一でない．
ゆえに第二．

ここには，アリストテレスの三段論法からも，テオプラストスの仮言的三段論法からも全く異質な論理学体系が見られる．とはいえ，もちろんストアの命題論理学の五つの推論式はすべて正しいし，むしろストアの方がテオプラストスの方より現代の論理学に近いといえる．それゆえ例えば，第一の推論式は，$\{(p \to q)p\} \to q$ と書き換えることができ，そしてこの式はもちろん現代の論理学でも真なる式である．ただ，ストアの論理学と現代論理学の間の大きな相違点は"あるいは"という選言記号の使い方にある．

ストア論理学における排他的選言の採用

現代論理学では"あるいは"を"∨"という記号であらわすが，その場合，"$p \vee q$"つまり"p あるいは q"は"p or q or both"の意味である．そしてこれを非排他的選言という．これに対してストアの場合の"p あるいは q"は，"p or q but not both"の意味なのである．さてストアはこのように選言を排他的選言の意味にと

ったために，その論理体系のうえで一つの重大な欠陥を担うにいたった．というのも，排他的選言の採用で，双対性の原理を把握する道を閉ざされたからである．実際，図39にあらわれる $p \vee q$ 等々の選言は，非排他的であり，この種類の方の選言でないと，図39に見られるような美しい双対性が得られないのである．

とはいえ，ストアの論理学が全然図39に乗らないというわけではない．いなむしろ完全に乗るのである．ただ，乗せるためには，ストアの論理学の記法，とくに"あるいは"の記法を現代風に翻訳しなければならないのである．

さてストアの式(1)は前に述べたように $\{(p \to q)p\} \to q$ と書き換えられ，さらに $\{(\bar{p} \vee q)p\} \to q$ と書き換えられる．というのも現代論理学では $p \to q$ は $\bar{p} \vee q$ と解釈されているからである．するとこの最後の式は図39に乗せることができる．もちろんそこで"→"つまり"含意"が成立することは，図39において，"→"の右の項が左の項の上に来ることを示す．すなわち例えば，$pq \to p$ および $p \to p \vee q$ という式が真なることは，p が pq の上に来ており，$p \vee q$ が p の上に来ていることで証明できる．

つぎにストアの式(2)も $\{(p \to q)\bar{q}\} \to \bar{p}$ から $\{(\bar{p} \vee q)\bar{q}\} \to \bar{p}$ に変形され，この式の真なることも図で証明できる．

式(3)は $\overline{pq} \cdot p \to \bar{q}$ であるが，$\overline{pq}$ は pq と点対称の位置にある $\bar{p} \vee \bar{q}$ にあたるとすれば，図で証明できる．ただし $\overline{pq}$ が $\bar{p} \vee \bar{q}$ に等しいというド・モルガンの定理がストアに意識されていたわけではもちろんない．

つぎに式(4)であるが，これは $\{(p \vee q)p\} \to \bar{q}$ と解釈すれば，成り立たない．そして成り立たないということも図で確認できる．それゆえ式(4)の"あるいは"は別の解釈つまり排他的解釈を施さねばならない．すると(4)は $\{(p \vee q)\overline{pq} \cdot p\} \to \bar{q}$ となる．そしてこ

の式が真なることは図で確かめられる.

最後に式(5)であるが,これは$\{(p \vee q) \bar{p}\} \to q$ と解釈しても成立するが,排他的な解釈が正しいから $\{(p \vee q) \overline{pq} \cdot \bar{p}\} \to q$ としてももちろん成立する.

ストア派による命題論理学の公理化

さてストアは単に以上の五つの式を述べただけではなく,それ以外に多くの論理式を述べている.しかもそれら多くの論理式をいまの五つの式から導出しているのである.このことは明らかに命題論理学の公理化がなされたことを意味する.ところで,以上五つの式からさまざまの定理を導き出すには,導出の規則が必要である.そしてストアはやはりそうした導出の規則が四つ必要であると述べている.しかし残念ながらテキストの散逸のため第一と第三だけしか伝承されていない.その二つとは図45のとおりである.

```
規則I      規則III
  P        P   R
  Q        Q   S
  ─        ─   ─
  R        R   T
  ─        ─────
  P          P
  R̄          Q
  ─          S
  Q̄          ─
             T
```
図 45

さて図45の規則Iの原文はつぎのとおりである."二つのものからある第三のものが推論される場合,それら二つのもののうちの一方と結論の否定とから,もう一方が推論される".ここでP, Q,…等はもちろん命題,つまり単純命題か複合命題である.また図の中の短い横線は"推論される"を,長い横線は"場合"を意

味する．さてこれら規則Ⅰと規則Ⅲは，それ自体やはり命題論理学に属する．したがってハッセの図式に乗せることができる．ただし規則Ⅰには P, Q, R といった3個の命題があるので，図39ではなく，前述のような256個の要素からなるハッセの図式の方に乗る．ところで(1)から(5)までの公理や，その公理から導き出された定理と，いま述べた規則ではどうちがうのだろうか．この問いに対しては現代論理学のことばを使って，公理と定理の方は対象言語であり，規則の方は高次言語であると答えることができるであろう．つまり，そうした規則というものは，公理から定理を導き出すためのものであり，それゆえ規則は公理や定理を対象として扱うものなのである．

このことを理解するために，公理から定理の演繹を実例によって示そう．ストアでは次の式は定理としてよく知られている．

$$\{(pq \rightarrow r) \bar{r} p\} \rightarrow \bar{q}$$

この定理を証明しよう．まず公理(2)にもとづいてつぎの式が成立する．

(a)　$\{(pq \rightarrow r) \bar{r}\} \rightarrow \overline{pq}$

(a)の前件は，証明されるべき式の前件の第一項と第二項である．つぎに(a)の後件と，証明されるべき式の前件の残り，つまり第三項とからつぎの式をつくろう．

(b)　$\{\overline{pq} \cdot p\} \rightarrow \bar{q}$

この式は公理(3)そのものだから，もちろん成立する．以上の準備のうえで，これら(a)，(b)の二つの式に対して規則Ⅲを適用しよう．ただしそのためには，本来の式つまり横棒の入った形にもどさなければならない．すると図46のとおりとなるであろう．

こうして証明されるべき定理が演繹できたのである．

以上から見て，ストアの命題論理学は一つのほぼ完全な公理体

$$
\begin{array}{c}
\begin{array}{cc}
\begin{array}{c} pq \rightarrow r \\ \underline{\quad \bar{r} \quad} \\ \overline{pq} \end{array}
&
\begin{array}{c} \overline{pq} \\ \underline{\quad p \quad} \\ \bar{q} \end{array}
\end{array} \\
\hline
pq \rightarrow r \\
\bar{r} \\
\underline{\quad p \quad} \\
\bar{q}
\end{array}
$$

図 46

系をなしていたと断定することができよう．そしてそれはテオプラストスの仮言的三段論法のような，特異で窮屈な体系ではなく，図 39 の全域を自由に遊動しうるものだったといえるであろう．しかし唯一の欠点といえば，その基本的論理概念として非排他的選言を採用しなかったため，双対性というものを見出しえなかったことであり，この欠点を補うには，中世スコラの命題論理学の出現を待たねばならなかったのである．

スコラの命題論理学

そこで命題論理学の第 3 の源泉である中世論理学における命題論理学に移ろう．中世スコラの命題論理学は推断の理論つまりコンセクエンチアの理論といわれる．この理論は，確かに体系としてはオリジナルなものである．しかしコンセクエンチアという概念そのものは，古くから存在した．アリストテレスの『ソピスト的論駁』の中に“不当理由の虚偽”と呼ばれているものがある．これは中世ではラテン語で“non sequitur”と呼ばれていたが，英語に直訳すれば“it does not follow”となる．そしてこれは“前提と連絡のない不合理な論証”という意味である．ところでこの non sequitur に対立するのが sequitur であり，これはもちろん前提と帰結との間に正しい連絡のある論証という意味である．そして中世の consequentia 論は，この sequitur (it follows) の理論で

あるということができる.それゆえ中世の推断論は,テオプラストスの仮言的三段論法とも,ストアの論理学とも無縁であり,強いてその結びつきを求めるならアリストテレスの誤謬論につながるのであるが,アリストテレスの誤謬論はその名のとおりあくまでも誤謬論であって,彼はそこで正しい命題論理学的推論を論じていないのは当然としても,彼はその他の著作においても全く論じていない.そしてこのアリストテレスのやり残した仕事を継承して完成させたのが中世論理学であったといえるであろう.

推断の理論

さて推断つまり consequentia は,前件つまり antecedens と後件つまり consequens と,さらにこの両者を結ぶ結合子"もし"(si) からなる.ここで consequentia ということばと consequens ということばを区別せねばならないことはもちろんである.つまり推断は単なる後件ではなくて,前件と後件との複合を意味する.したがって consequentia は現代論理学のことばでいえば implication つまり含意に相当するといえる.ところで含意については恒真なる含意式と恒真でない含意式があり,恒真なる含意式が命題論理学の定理であると同じように,consequentia にも,妥当なる consequentia と妥当でない consequentia がある.そして前者の場合,"consequentia est bona" とか "consequentia valet"(ともに"その推断は妥当である"の意味)といわれる.そしてこれが,さっき述べた"sequitur"(妥当な推論)に相当する.つまり中世の consequentia は単に含意式を意味するだけでなく,現代ドイツ語の konsequent という形容詞が"首尾一貫した","矛盾撞着のない"という意味をもつように,真なる含意式という意味をももつのである.

こうして中世の命題論理学である推断論は,結局妥当な推断,

つまり命題論理学上の定理をできるだけ数多く蒐集することをその任務としたのである．

スコラにおける非排他的選言の採用

さて中世の論理学で特筆すべき功績の第1は，非排他的選言をその命題論理学の体系の基礎に置いた点にある．このことは，13世紀の中世論理学の代表的な教科書であるペトルス・ヒスパーヌス著『論理学綱要』においてはっきりと表明されている．すなわちヒスパーヌスは，"あるいは"という結合辞によって連結されている選言命題"$p \vee q$"において，この選言命題が真であるためには，どちらか一方が真であれば十分であるが，両方が真であっても一向にかまわないと述べているのである．それゆえ，そうした選言命題が非排他的選言であることは明らかである．ところで中世ではそうした非排他的選言の"あるいは"をラテン語 vel であらわし，排他的選言の"あるいは"である aut とはっきり区別している．そして現代論理学で使用される選言記号"$\vee$"はこのラテン語の vel の頭文字をとったものなのである．

以上の準備の後に，中世スコラの推断論の内容に入ろう．推断論のもっとも完成したテキストとして，後期スコラの論理学者ウィリアム・オッカムの著作をとりあげよう．まず比較的簡単な規則として，つぎのものをあげよう．

$$(pq) \rightarrow p$$
$$(pq) \rightarrow q$$

これら二つの規則の原文はこうである．"連言命題から，それを構成するどちらかの命題への推断は常に妥当である"．これら二つの式が成立することは図39で確認できる．ここで注意すべきことは，推断論における正しい式は，すべて規則の形であらわされているということである．すなわちそれらは定理というより

は,定理を証明するために使用される推論規則なのである.そしてそれは,ちょうどストア論理学において述べたところの推論規則と同じ性格をもつものである.ところでこうした推論規則が適用される相手の公理や定理は,スコラの場合,ストアとちがって記号化された命題ではなく,内容のある命題つまり神学的命題,形而上学的命題なのである.このようにして推断論における正しい式は,定理ではなくて,規則なのであるから,そうした規則に対する公理化はスコラではおこなわれなかった.もちろん規則に対する公理化も理論的には可能であるが,しかし古代ギリシアからの通念として,公理化は,公理と定理についてのみおこなわれるものだとされ,こうした通念が,スコラの推断論の公理化を妨げたものといえるであろう.とはいえ,スコラは,もちろん推断という推論規則を使って,神学命題を始めとするいろいろな実質的内容の命題の公理化をおこなったのであり,推断論とはもともとそういう目的のためのものだったのである.

推断論のつぎの規則はこうである.

$$p \to (p \vee q)$$
$$q \to (p \vee q)$$

この原文はこうなっている."選言命題のどちらの部分から選言命題全体を推断しても,その推断は妥当である".これも図39でテストできる.

選言に関してはなおつぎの式がある.

$$\{(p \vee q)\bar{p}\} \to q$$
$$\{(p \vee q)\bar{q}\} \to p$$

スコラの選言はストアとちがって非排他的であるから,$(p \vee q)p \to \bar{q}$のような式は成立しない.以上のことも図39で確かめられる.

スコラにおけるド・モルガンの定理の発見

さてつぎに，スコラ論理学の最大の功績の一つともいえるド・モルガンの法則はつぎのとおりである．

$$\overline{p \vee q} = \bar{p}\bar{q}$$

これの原文はつぎのとおりである．"選言命題の矛盾的対立は，その選言命題を構成する命題のそれぞれの部分の矛盾的対立から構成された連言命題である"．この式が成り立つことは，図39で確認できる．というのも，そこでは $p \vee q$ と $\bar{p}\bar{q}$ は点対称の位置にあるからである．こうして，スコラ論理学は図39を完全に使いきったといえるのであり，こういうことが可能になったのも，非排他的選言を基礎概念に選びとったからなのである．

つぎに以下のような式も成立する．

$$p\bar{p} \to q, \quad p \to q \vee \bar{q}$$

ここで $p\bar{p}$ は矛盾であり，図39では F つまり恒偽であらわされ，$q \vee \bar{q}$ は恒真であり，T であらわされている．以上の式は結局，矛盾からいかなる命題も導き出され，恒真式はいかなる命題からも導き出されるということを示す．そして以上二つの式をまとめると，恒偽から恒真式が導き出されるということを意味し，これは日本のことわざでいう"うそからでたまこと"を意味する．とはいえ，以上の2式で，実質的にも図39の全領域がカバーされたことになる．

つぎに $\{(p \to q)p\} \to q$ と $\{(p \to q)\bar{q}\} \to \bar{p}$ の二つの式であるが，前者はいわゆる前件肯定式であり，後者は後件否定式である．ところで実は，この二つの式を図39に乗せるには少し工夫がいる．というのも，前件に出てくる式 $p \to q$ を少し変形しなければならないからである．ところでオッカムのテキストにはつぎのような規則がある．

$$p \to q = \overline{p\bar{q}}$$

この等式は $p\bar{q} \to \overline{(p \to q)}$(ある推断において，その推断の後件の矛盾的対立と前件とが両立する場合，その推断は妥当でない)と $\overline{p\bar{q}} \to (p \to q)$(ある推断において，その推断の後件の矛盾的対立と前件とが両立しない場合，その推断は妥当である)との二つの式からつくられる．そしてこの等式の右辺に，ド・モルガンの法則を適用するとつぎのとおりとなる．

$$p \to q = \bar{p} \lor q$$

この等式が成立することがわかれば，上掲の前件肯定式つまり $\{(p \to q)p\} \to q$ は $\{(\bar{p} \lor q)p\} \to q$ と書き換えることができる．そしてこの式が正しいことを図39によって確かめることができるのである．このような置き換えによって図39に乗るような妥当な規則をさらに挙げればつぎのとおりである．

$$p \to (q \to p)$$
$$\bar{p} \to (p \to q)$$
$$(p \to q) \to (\bar{q} \to \bar{p})$$
$$\{(p \to q)(q \to r)\} \to (p \to r)$$
$$(pq \to r) \to (\bar{r}p \to \bar{q})$$

最後の二つの式は p, q, r という3個の命題を含むから図39ではなくて，256個の要素からなる図によらなければならない．

以上がスコラの推断論つまり命題論理学のあらましであるが，現代論理学の立場から見ても驚嘆すべき出来具合である．ただ不足の点を挙げるとすれば，その第1は公理化がおこなわれていないという点，そして第2は，記号化がなされていなかったという点である．後の点についていえば，いまの定式化で使用したような p, q, r といった命題記号も，$\lor$ や $\to$ といった結合記号もスコラ論理学には一切登場しない．さきにいくつかの例で挙げたよう

に，一切の規則はもっぱら自然言語つまりラテン語だけで述べられているのである．このように中世論理学ではいかなる記号も使用されなかったということは，中世論理学が，古代の論理学や，近世から始まった記号論理学とはちがって，数学といかなる関係ももたなかったことからくるのである．そして中世論理学のこうした欠陥は，近代の論理学において克服され，そこからほんとうの意味の現代論理学が生まれてくるのである．

『ポール・ロワイアル論理学』の命題論理学

以上で中世の命題論理学を終え，いよいよ近世の命題論理学に入ろう．近世の論理学は『ポール・ロワイアル論理学』で始まるが，この論理学は，それのもつ哲学的意味はとにかくとして，論理学としての実質的な内容についていえば，伝統的であり保守的である．つまりそれはアリストテレス風の三段論法をそっくりそのままかえこんでいる．とはいえ『ポール・ロワイアル論理学』はそうしたクラス論理学の他に，命題論理学といえる部門をももっている．

さて『ポール・ロワイアル論理学』の二人の著者は，その第3部で接続的三段論法(syllogisme conjonctif)を論じ，この接続的三段論法，つまり"もし"，"あるいは"，"そして"といった接続詞を含む3段からなる推論を，(1)条件的三段論法(syl. conditionel)と(2)選言的三段論法(syl. disjonctif)と(3)連言的三段論法(syl. copulatif)とに分けた．これら3種の三段論法の内容を挙げれば，つぎのとおりである．(1)"p ならば q. p. ゆえに q"，"p ならば q. q でない．ゆえに p でない"．(2)"p あるいは q. p でない．ゆえに q"，"p あるいは q. p. ゆえに q でない"．(3)"p でありかつ q であることはない．q. ゆえに p でない"．

『ポール・ロワイアル論理学』の著者はなお，ディレンマを付

け加えている．そしてそれは例えば，つぎのようなものである．
"p あるいは q. p ならば r. q ならば r. ゆえに r".

　以上の説明で p, q, r といった記号を使ったが，『ポール・ロワイアル論理学』の中でそうした記号が使われたわけではない．さて『ポール・ロワイアル論理学』の以上の内容は，ディレンマはとにかくとして，前に紹介したストア論理学の (1) から (5) までの推論式と全く同じである．そしてこのことは『ポール・ロワイアル論理学』が，中世論理学の成果を殆んど廃棄し，古代的論理学に復帰したということを意味する．しかし命題論理学に関する限り，スコラの推断論の方がストアの論理学より優れているといえる．というのもストアは排他的選言を使っており，『ポール・ロワイアル論理学』でもやはり排他的選言が使われているのに対して，スコラの推断論は非排他的選言を使っているからである．

　このように近世の『ポール・ロワイアル論理学』に命題論理学が出てくるのは確かであるが，それは記号の使用すらなく，その内容にもなんらの独創性もない古代的伝統的なものでしかないといわざるをえない．しかしそれでは，近世においていったい誰が記号論理学的な命題論理学を開拓したのであろうか．

ブールにおける命題論理学

　ブールが，アリストテレスの三段論法つまりクラス論理学の代数化に着手したことは，前に述べたとおりである．しかしブールはそうしたクラス論理学の代数化による式が，解釈の仕方によっては，同時に命題論理学における式でもあるということを発見した．すなわち例えば，ブールの提出した公式 $A(1-A)=0$ において，A をクラスと解釈すれば，"どんな A も非 A ではない"とか"A と非 A の共通部分は存在しない"といったクラス論理学上の矛盾律だと解釈できる．しかしブールは，解釈をちがえて，A が

命題だと考えれば，"A が成立しかつ非 A が成立するということはない"といった命題論理学上の矛盾律だという解釈もできるということを発見したのである．

クラス論理学と命題論理学の間のそうしたパラレリズム，つまりクラス論理学の構造と命題論理学の構造との同型性は，結局図1と図39との同型性からくるものであるが，そうしたパラレリズムをブールはかなりの程度まで押し進めた．すなわちブールは AB を命題 A と命題 B とからなる連言命題，$1-A$ を命題 A の否定命題と解釈し，$A+B$ を，命題 A と命題 B とからなる選言命題と解釈した．また1を命題の真と解釈し，0を命題の偽と解釈した．

以上のような解釈のもとでブールは，『ポール・ロワイアル論理学』に出てきた接続的三段論法を代数計算で置き換える．そしてそのうちのいくつかを紹介するとつぎのとおりである．

A ならば B $A(1-B)=0$
A $A=1$
―――――   ―――――――――
B $1-B=0$ すなわち $B=1$

ここで $A(1-B)=0$ は"A が成立しかつ B が成立しないということはない"，つまり"A ならば B"を意味する．そして $A=1$ は A の成立，$1-B=0$ は B の不成立の偽，つまり B の成立を意味する．

A ならば B $A(1-B)=0$
B でない $B=0$
―――――   ―――――
A でない $A=0$

つぎに選言的三段論法はこうなる．

A あるいは B	$(1-A)(1-B) = 0$
A でない	$A = 0$
B	$1-B = 0$ すなわち $B = 1$

$(1-A)(1-B) = 0$ は A も B も同時に不成立ということはないを意味する.したがってこの場合の"あるいは"は非排他的である.しかしブールの場合,ストアや『ポール・ロワイアル論理学』の場合と同様,"あるいは"は排他的である.だからつぎの計算の方がよいであろう.

A あるいは B	$A+B = 1$
A でない	$A = 0$
B	$B = 1$

実際 "A あるいは B" をさっきのように $(1-A)(1-B) = 0$ とすると,つぎの式はうまく表現できないからであって,つぎの式が成り立つためにはぜひとも排他的な選言でなければならないのである.

A あるいは B	$A+B = 1$
A	$A = 1$
B でない	$B = 0$

以上のようにブールは,接続的三段論法を命題論理学としてとらえたが,接続的三段論法の中の選言的三段論法の選言を,中世的な非排他的なものでなしに,ポール・ロワイアル論理学的な排他的なものを踏襲したために,論理学におけるもっともきれいな法則であるド・モルガンの法則および双対律を見出し損ねた.そしてこの二つの法則,特に双対律をクラス計算だけでなくて,命題の計算においても確立したのがシュレーダーであって,シュレーダーにおいて,クラス論理学と命題論理学の同型性と,この二つの論理学の構造の双対性が完全に把握されたということができ

る．そしてこのことは，図1と図39の全貌がはっきりと見出されたということを意味するのである．

非古典的命題論理学

こうしてクラス論理学と命題論理学の構造は完全に把握され，白日のもとに曝されるにいたった．それゆえシュレーダーより後の論理学者の業績，つまりフレーゲやラッセルの業績の中には，クラス論理学と命題論理学に関する限り，なんら本質的な新しさを見出すことができない．とはいえ，ここで急いでいま述べた立言に保留を加えねばならない．というのは，確かに，ブール，シュレーダー，それにフレーゲ，ラッセルの命題論理学はどれもみなその構造を同じくする．しかしながら，1930年になってオランダの数学者兼論理学者のハイティングが，直観主義命題論理学の体系をつくりあげた．そしてさらにそののちの1936年にノルウェーの論理学者ヨハンソンが最小論理という，それまでと違った命題論理学の体系をつくった．そこで，そうした新しい命題論理学から区別する意味で，それより前の命題論理学，つまりストア，中世，それにブール–シュレーダー，フレーゲ–ラッセル流の命題論理学は古典論理的命題論理学と呼ばれるようになったのである．

ハイティングの直観論理

まず直観主義論理から見ていこう．それが直観主義的と呼ばれるのは，直観主義者と呼ばれる数学者たちが数学的推論をおこなうに際し，自分たちは通常的思考の直観だけにしか頼らないのだと宣言したことにもとづく．たとえばつぎのような $p \vee \bar{p}$ の形式をもつ命題があるとしよう．"2より大きい偶数のすべては二つの素数の和によって表現できるか，あるいは2より大きい偶数のすべてが二つの素数の和によって表現できるわけではない"．実

際，4＝2＋2, 6＝3＋3, 8＝3＋5, 10＝5＋5, 12＝5＋7, …である．しかし無限に多くの偶数があるから，それらすべてにおいて成り立つことをテストするわけにはいかない．かといっていまのところ，"2より大きい偶数のすべては二つの素数の和によって表現できる"ということが証明可能かどうかがわかっていない．だから直観主義者は，そうした場合の選言命題 $p \vee \bar{p}$ が，通常的思考の直観に依存する限りにおいては，真であるということを認められないと主張するのである．こうして直観主義者の使用する論理学では排中律が必ずしも成立しないということになる．とはいえ，古典論理学ではもちろん排中律は成立する．ところで，古典論理学はきちんとした公理化が完了している．そこで直観主義者たる限り，自らの使う論理学を公理化し，万人にもわかる明確なものに仕上げなければならない．こうした仕事を初めてなしとげたのがハイティングだったのである．

そこでハイティングの論理学の構造を考察することにしよう．古典論理と比較するために，図39の古典論理学をもう一度登場させよう（図47）．こんどは16個の要素には，数字が書き込まれてある．ここでそれぞれの直線（全部で32本ある）の両端同士はすべて整除する・整除されるの関係にある．たとえば30と6がそうである．そして，こうした整除の関係つまり30と6といった場合は全順序関係である．しかし6と10の場合は整除関係は成り立たない．それゆえ図47は半順序集合つまり束を表現したものであるといえる．

さて整除関係の成り立たない2数6と10において，この双方の上方における交点のうち双方にもっとも近いもの（join）30は，6と10の最小公倍数である．また双方の下方における交点のうち双方にもっとも近いもの（meet）2は，6と10の最大公約数で

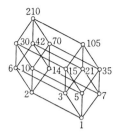

図 47

ある.こうした解釈の図47を図39と重ねあわせると,ジョイン—最小公倍数—選言($\vee$),ミート—最大公約数—連言($\wedge$),線の上下の関係—整除—含意($\rightarrow$)といった対応関係が見出せる.だとすると否定関係も,またその数的対応物を見つけだせるのであって,図で見てもわかるように,$p \vee \bar{p} = T$ は,$6 \times 35 = 210$ に対応し,一般に否定関係にある要素どうしは掛けあわすとすべて210になるということがわかる.

直観論理の図式化

さてこのような形での図47に少しばかり細工を施したのが図48である.すなわち図48は図47よりもVの部分だけ多いわけである.そして直観主義論理はこの図48に乗せることができるのである.

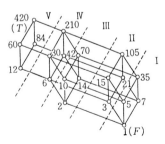

図 48

さて図48において、ジョインとミートについては、いままでの解釈、つまり最小公倍数・最大公約数と連言・選言の解釈でいい。しかし否定に関しては、付加部分Vのために、いままでのシンメトリーが一部分崩れてしまう。そこで、そうしたことを考慮に入れて否定関係に対応する関係(この関係を星印で示す)を数 x に対して試みてみれば図49のとおりとなる。

(a)

x	x^*	x^{**}
I	V	I
1	420	1
5	84	5
7	60	7
35	12	35

(b)

x	x^*	x^{**}
II	III	II
3	70	3
15	14	15
21	10	21
105	2	105

(c)

x	x^*	x^{**}
III	II	III
2	105	2
14	15	14
70	3	70
10	21	10

(d)

x	x^*	x^{**}
IV	I	V
6	35	12
30	7	60
42	5	84
210	1	420

(e)

x	x^*	x^{**}
V	I	V
12	35	12
60	7	60
84	5	84
420	1	420

図49

図49を眺めてみると、(b), (c)についていえば、図47となんら変りはない。しかし(a), (d), (e)については、前とはやや異なるのである。

さて以上のような準備ののちに、直観主義論理で拒否された排中律、つまり $x \vee x^*$ を図48, 図49について調べてみよう。するとそれは(a), (e)のグループについてはきちんと成立する。しか

第3章 命題論理学の成立

しそれ以外の(b), (c), (d)のグループについては成り立たない．例えば $3\vee 3^{*}=3\vee 70=210\neq T$ となる．

つぎに直観論理においては一般に二重否定律，つまり $x^{**}=x$ が必ずしも成り立たないといわれるが，これも図で確かめよう．すると二重否定律は(a), (b), (c), (e)については成り立つが，(d)については成り立たないということが直ちにわかる．例えば(d)において $x=6$ のとき，$x^{**}=12$ となって両者は等しくないのである．

このように直観論理は図48, 図49から見てもわかるように，古典論理の図47とちがって対称性の破れがその大きな特徴であるといえる．ところで，直観主義論理の方が古典主義論理よりも自由な体系といえる．というのも直観主義論理の方は，その公理として排中律を要求していないからである．それゆえ論理学はその原初的な姿では必ずしも完全な対称性をもってはいなかったのであり，古典論理は，排中律を公理としてとりこむことによって対称性は獲得したが，その代り自由さは失って窮屈になってしまったといえるのである．

さて直観論理は排中律 $p\vee \bar{p}$ を真だと認めないが，$p\wedge \bar{p}$ を偽だとする矛盾律は認める．そして実際そのことは図48, 図49で確認できる．とはいえ $p\vee \bar{p}=T$ が不成立となったので，$p\wedge \bar{p}=F$ との間の双対律もまた崩れてしまうのである．

ヨハンソンの最小論理とその図式化

さて直観論理は $p\vee \bar{p}=T$ という公理をはずしたが，さらにその他の公理をはずして，もっとゆるやかな論理をつくれないものであろうか．この問いに対して，可能だと答えたのがヨハンソンであり，その論理が最小論理なのである．そこで最小論理を概観するために例によって図50を利用することにしよう．

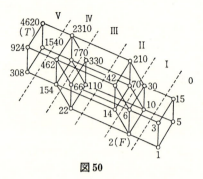

図50

さて最小論理ではずした公理とは，$F \to p$ といった式である．この式は"偽なる命題からはどんな命題をも導きだせる"(Ex falso sequitur quodlibet)という形で，中世以来，古典論理の枠内では正しいものとして認められてきたものである．そしてこの式は直観論理においても成立することは，図48を見れば直ちにわかることである．ところがこの式は，図50では成立しないのである．というのも，そこでは F はグループ I に属しており，この I の F になお付加部分 0 が存在するからである．

ところで図50はもちろん直観論理と同様に，古典論理のような対称性をもちあわせず，直観論理よりもさらに自由で開放的な論理である．というのも $F \to p$ という式さえも拒否したからである．そして最小論理という名称における"最小"とは，古典論理から公理をつぎつぎとはずしていってとどのつまり，論理の名に値する最小範囲のものに至ったということを意味するのである．このように最小論理はもっとも自由なものだとはいえ，もちろん論理の名に値するような最小限の特徴は備えている．このことは，図50が束構造をなし，それゆえ，ジョインとミート，つまり最小公倍数・最大公約数，連言・選言をもち，含意と否定ももつと

	x	x^*	x^{**}
(a)	0	V	I
(b)	I	V	I
(c)	II	III	II
(d)	III	II	III
(e)	IV	I	V
(f)	V	I	V

図 51

いうことからわかる．とはいえ最小論理の場合，否定に関しては，古典論理とも直観論理とも異なる独得のルールがある．そしてそのルールは図 51 のとおりである．ここで (b) から (f) までは直観論理と似ているが，(a) はそれとは違う独得なものである．さて図 50, 図 51 を使ってテストできる最大の，しかもショッキングなことがらは $p \wedge \bar{p} = F$ が必ずしも成立しないということである．すなわち (a) のグループについていえば，例えば $15 \wedge 15^* = 15 \wedge 308 = 1 \neq F$ である．つまり最小論理では，古典論理および直観論理でいう矛盾律が必ずしも成り立たないのである．とはいえここで急いでつけ加えねばならないが，だからといって $p \wedge \bar{p}$ が T に等しいとは絶対にいえないのである．というのも，もし $p \wedge \bar{p}$ が T に等しいとすれば，図 50 の最小元の 1 と最大元の 4620 とが一つになり，図 50 の元は全部固まって一つの団子になってしまうからである．そしてこの最小元と最大元は等しくないという原則は，図 48 でも図 47 でも確認できるのであり，古典論理，直観論理，最小論理のすべてが，この原理を共有するのである．

ところで最小論理にもどるが，そこでは確かに $p \wedge \bar{p} = F$ は必ずしも成立しないが，$p \wedge \bar{p} = p \wedge F$ は必ず成立する．そしてまた $\bar{p} \wedge \bar{\bar{p}} = F$ も必ず成立するのである．そしてこれらのことはまた，図 50, 図 51 によって確認することができる．

こうして命題論理学には古典論理だけではなく，直観論理と最小論理があることがわかった．しかしその中で古典論理だけが，きれいな対称性をもつところのブール束であり，他の二つはブール束ではなく，したがって，そこでは対称性が損なわれているのである．

様相論理学の発展

以上で命題論理学の成立の歴史を終えたので，命題の様相を扱う様相論理学の発展について述べよう．様相論理学の出発点はアリストテレスの著書『命題論』の中にある．アリストテレスはそこでつぎのような表を作成している．

(Ⅰ)	可能である 不可能でない でないことが必然でない	(Ⅱ)	でないことが可能である でないことが不可能でない 必然でない
(Ⅲ)	真である	(Ⅳ)	真でない
(Ⅴ)	でないことが可能でない でないことが不可能である 必然である	(Ⅵ)	可能でない 不可能である でないことが必然である

アリストテレスはこの表において，さらに(Ⅰ)と(Ⅵ)，(Ⅱ)と(Ⅴ)，(Ⅲ)と(Ⅳ)がそれぞれ矛盾対立の関係にあると述べている．アリストテレスのこうした発見は様相論理学の基本的な概念を把握したもので，十分高く評価すべきである．そしてアリストテレスのこの仕事はブール束のうえに正しく乗るものといえる．ところでアリストテレスの様相論理のブール束とは図52に示されたものである．とはいえまず図52がどうして作られたかを説明しよう．

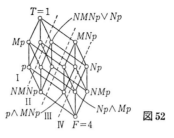

図 52

様相論理学の図式化

まずアリストテレスのいまの表を記号化しよう．記号はルカジェヴィッツのものを使う．すなわち命題を p とし，N は否定 (Negation)，M は可能 (Möglichkeit) とする．すると Np は "p でない"，Mp は "p が可能である"，$NMNp$ は "p でないことは不可能である" つまり "p は必然である" となる．そしてこの "p は必然である" を Lp で表現する．するとさっきのアリストテレスの表はつぎのとおりとなる．

(I)	Mp $NLNp$	(II)	MNp NLp
(III)	p	(IV)	Np
(V)	$NMNp$ Lp	(VI)	NMp LNp

この表が図 52 のうえに乗ることは明らかである．そして，(I) と (VI)，(II) と (V)，(III) と (IV) の矛盾対立関係も図で示されている．そしてさらにクラインの 4 元群を構成する (I)，(II)，(V)，(VI) のクヮルテットも図で表現されている．

さて図 52 の成り立ちであるが，まず図 53 をつくろう．これは

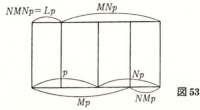

図53

アリストテレスの表の(Ⅰ)から(Ⅵ)までの6個の間の関係を図示したものである。まず矩形全体を全集合と考える。すると補集合的関係は否定関係を表わすことになる。たとえば Mp と NMp がそうであり、この二つは全集合を二分しあい、それゆえ両者は否定関係にある。つぎに小さな矩形どうしの内含関係、つまり一方の面積が他方の面積に含まれている状態は、一方が他方を含意することを意味する。たとえば p と Mp がそうであって、p を一辺とする矩形は Mp を一辺とする矩形に含まれるが、これはまた $p \to Mp$ の関係をあらわすのである。さて図53を見ればわかるように、そこでは矩形全体が四つに分割されている。そしてこの四つが最小単位つまりアトムをなしている。そこでそうした四つのアトムを記号によって表現してみると、左から順番に、(1) $NMNp$, (2) $p \wedge MNp$, (3) $Np \wedge Mp$, (4) NMp となる。そしてこの四つのアトムをもとにして、半順序関係を図にしたものが図52であって、これはりっぱなブール束の構造をもつものなのである。

スコラにおける様相論理学

実をいえば、アリストテレスが様相論理学のそうしたブール束の構造を発見したわけではない。アリストテレスはただ、彼の表にみられる3対の矛盾対立関係を発見しただけであり、それをもとにして様相命題間の含意関係を論じるところまでは至っていない。そしてこうした含意関係、すなわちほんとうの意味での様相

論理学を展開させたのは，スコラ論理学における推断論の中においてであるといえるであろう．そこでつぎに，スコラにおける様相論理学の発展を見ることにしよう．

スコラの様相論理学的な推断の例をつぎに列挙しよう．そしてそれの現代的な表現をも付加しよう．

(1) 必然から存在への推断は妥当である（"ソクラテスが走るということは必然である"から"ソクラテスが走る"の推断は妥当である）．$NMNp \to p$

(2) 存在から可能への推断は妥当である（"ソクラテスが走る"から"ソクラテスが走ることは可能である"への推断は妥当である）．$p \to Mp$

(3) 不可能から非存在への推断は妥当である．これは(2)の対偶として出てきたものである．$NMp \to Np$

(4) 非存在から非存在の可能への推断は妥当である．$Np \to MNp$

(5) 必然から可能への推断は妥当である．$NMNp \to Mp$

(6) 離接命題が可能であるためには，選言肢の一つが可能であれば十分である．$Mp \to M(p \vee q)$

(7) 離接命題が必然であるためには選言肢の一つが必然であれば十分である．$NMNp \to NMN(p \vee q)$

(1)から(5)までが成り立つことは図52を見れば明らかである．そこで(6), (7)が成立する根拠を述べよう．そのためには図54のような真理値表をつくろう．

様相論理学と多値論理学

さてここの(a)から(d)に出てくる数字で1をTつまり恒真，4をFつまり恒偽としよう．そして3と4をそのいずれでもない真理値だとしよう．すると合計で4種類の真理値があるから四値

(a)

$p \vee q$	1	2	3	4
1	1	1	1	1
2	1	2	1	2
3	1	1	3	3
4	1	2	3	4

(b)

$p \wedge q$	1	2	3	4
1	1	2	3	4
2	2	2	4	4
3	3	4	3	4
4	4	4	4	4

(c)

$p \rightarrow q$	1	2	3	4
1	1	2	3	4
2	1	1	3	3
3	1	2	1	2
4	1	1	1	1

(d)

p	Np	Mp	MNp	$NMNp$	NMp
1	4	1	3	2	4
2	3	1	1	4	4
3	2	1	1	4	4
4	1	3	1	4	2

図54

論理学であるといえる.そして実をいえば様相論理学はまた多値論理学でもあるのである.

さて,様相論理学の定理の図52によるテストは,pという1種類の命題を含むもの以外はできなかった.しかし図54を使うと,p, q 2個の場合でもテスト可能である.それゆえ式(6)の $Mp \rightarrow M(p \vee q)$ は,たとえば $p=3, q=2$ のときは,$Mp=1, p \vee q=1, M(p \vee q)=1$ となり,それゆえこの式全体は最後に(c)を使って1となって結局真となるのである.そしてこうした計算を $p=1, 2, 3, 4$, $q=1, 2, 3, 4$ の全部について試みれば,式(6)の正しさが証明できるのである.

とはいえ図54はどういう性格をもつものだろうか.このことを知るために,図54を図52と照合してみよう.図52において16個のエレメントは点線で4個のブロックに分けられている.いま p を1と置こう.すると図54によってⅠブロックに属する四つの要素はすべて1という値をとる.またⅡ,Ⅲ,Ⅳのブロック

第3章 命題論理学の成立

はそれぞれ 2, 3, 4 の値をとる．ところがそれと同じことを図39について試みよう．するとそこではⅠとⅡの二つのブロックに分かれる．$p=1$, $q=1$ とすれば，Ⅰのブロックに属するエレメントはすべて 1 となり，Ⅱのブロックに属するエレメントはすべて 4 になる．そして図 39 で使われた真理表をとりだせば，図 55 のとおりとなる．図 55 と図 54 をくらべあわせると，図 52 であらわされた様相論理学は四値論理学であるのに対し，図 39 であらわされた非様相的古典論理学は二値論理学であり，後者が前者の中に含まれるということがわかる．そして図を見れば，その両者ともにブール束をつくっているということもわかるのである．

(a)

$p \vee q$	1	4
1	1	1
4	1	4

(b)

$p \wedge q$	1	4
1	1	4
4	4	4

(c)

$p \rightarrow q$	1	4
1	1	4
4	1	1

(d)

p	$\bar{p}$
1	4
4	1

図 55

さてアリストテレスで始まり中世論理学で相当な成果を収めた様相論理学は，近世に入ってからは，中世論理学の衰退とその運命をともにする．そして様相論理学の研究が再開されるのは 20 世紀に入ってからなのである．この再開をおこなったのがルイス，ベッカー，ルカジェヴィッツたちであり，彼らはこんどは中世の論理学者とちがって，記号論理学の成果を身につけたうえで，その仕事を遂行したのである．

第4章 限量論理学の成立

アリストテレスにおける限量論理学

　最後に,論理学においてきわめて重要な位置を占める限量論理学の発生とその展開を概観しよう.さて論理学で量という場合,アリストテレス以来,"すべての","いかなる"といった全称記号と,"ある","若干の"といった特称記号の二つである.いま"すべてのxはfである"を$(x)f(x)$,"あるxはfである"を$(\exists x)f(x)$とすれば,その場合の(x)と$(\exists x)$が全称記号と特称記号にあたる.さてアリストテレスは確かに,全称記号と特称記号を,彼の三段論法のA, I, E, Oにおいて使用した.例えば"すべてのSはPである"といった場合の"すべての"は全称記号である.しかしアリストテレスはそうした全称記号と特称記号の相互間の関係を,そうした三段論法とはちがった場面でも使用した.そしてそうした場面での限量記号の使用の方が,限量論理学の出発点となるのである.さてアリストテレスの『命題論』の中でつぎのような表が見出せる.

　どのひとも白い　　　　どのひとも白いということはない
　ひとは白い　　　　　　ひとは白くない
　どのひとも白くない　　あるひとは白い

ここで,"どのひとも"(everyone)—"どのひとも……ということはない"(not everyone)の対立と,"ひと"(this one)—"ひとは……ない"(not this one)の対立と,"どのひとも……ない"(no one)—"ある"(some)の対立が提示されている.

　この表を見る限り,アリストテレスは限量記号間の対立関係を

ある程度認識していたことは事実である．しかし前に述べた彼自身による様相記号間の関係の把握のようにはきれいに把握していないといわざるをえない．そして，限量記号間の関係が正しく把握されるようになったのは，中世スコラの論理学においてなのである．

スコラの限量論理学

さて13世紀の中世スコラの代表的な論理学書である『ヒスパーヌス論理学綱要』の中に図56のような表が掲げられている．

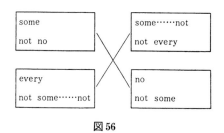

図56

表の英語はもちろんもとはラテン語だったものである．この表を実際の例文で掲げてみるとつぎのとおりとなる．

{ あるひとは走る
{ いかなるひとも走らないという
{ 　わけではない

{ あるひとは走らない
{ どのひとも走るという
{ 　わけではない

{ どのひとも走る
{ あるひとは走らないという
{ 　わけではない

{ いかなるひとも走らない
{ あるひとは走るという
{ 　わけではない

つぎに図56を記号化すれば図57のとおりとなる．

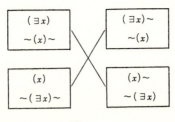

図57

限量論理学の図式化

限量論理学に関してもそれのハッセの図式化を試みて,図58をつくろう.ここで$(x)f(x)$は"すべてのxはfである"を意味し,$(\exists x)f(x)$は"あるxはfである"もしくは"fであるようなxが存在する"を意味する.ただし波形は否定を意味する記号である.この図58は図52と同形である.つまり,例えば$(\exists x)f(x)$はMpと対応する.そして図58は図52と同様,ブール束をなす.

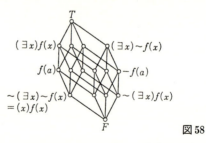

図58

以上の準備をしたならば,図56,図57が図58の上に乗ることは明らかであろう.それでは,アリストテレスが様相論理学においては図52に乗りうる構造を見つけだしたのに,限量演算に関しては図58に乗る構造を見つけだせなかったのはなぜだろうか.それに対する答えは簡単である.というのはアリストテレスは"すべて"と"ある"といった限量演算子を"ひとは走る"といっ

た"名詞プラス動詞"式の命題に適用せずに，"ひとは動物である"といった"名詞プラス名詞"式の命題に適用したからである．そして実際，$(x)f(x), (\exists x)f(x)$ といった式において，x の指示範囲をひとにだけ限定するとした場合，x は"ソクラテス"とか"プラトン"といった任意の個々のひとをあらわし，f は"走る"とか"坐る"といった動作をあらわすのである．

こうして限量論理学の成立にとって，"S は P なり"式の論理学，つまり三段論法はむしろ足枷となるのである．とはいえもちろんアリストテレスは，命題のすべてが"S は P なり"式のものでないことは十分よく知っていた．彼は『命題論』ではむしろ，命題は二つの名辞からなるのではなく，名詞プラス動詞が本来の型だととれる発言をしている．そしてさっき挙げたアリストテレスの例文"ひとは白い"も"S は P なり"の型ではなくて，$f(a)$ の型だと見た方がよいであろう．そのゆえにこそ，アリストテレスは，限量記号間の関係の一部を正しく把握できたのであり，そして更に三段論法では絶対に使われない単称命題をも考慮に入れたのであり，その結果，前に述べた三つの対が生まれたのである．そしてこれらの対はぜんぶりっぱに図58に乗りうるのである．

さて中世の論理学者は，アリストテレスの三段論法をも継承したが，それとは別に新しく限量論理学という三段論法とは異なる論理学をつくりだした．そしてそれはアリストテレスの"名詞プラス動詞"タイプの命題の方から出発したからであり，彼らは"ひとは動物である"といった型の命題ではなく，"ひとは走る"といったタイプの命題の処理法をその中心テーマに据えたからである．

限量論理学と代表の理論

それでは中世の限量論理学の実体はなんであっただろうか．そ

の答えは中世論理学のきわめてオリジナルな理論である代表の理論の中で発見できよう.代表とは,命題中で使用された名辞がなにを"代表する"かを論じる理論である.たとえば"ひとは走る"という命題において,"ひと"は一方では"ひと"という種概念を指す.しかしそうだとすれば"ひとは走る"という命題はナンセンスとなる.なぜなら,種概念や類概念が走ったり,歩いたりなどしないからである."ひと"のそうした意味での使用法は"ひとは種である"という命題においてのみ正しいのである.ところで"ひと"の代表作用にはもう一つある.それは"ひと"がプラトンやアリストテレスのような個体を代表する場合である.こうした場合にのみ"ひとは走る"という命題は真となったり偽となったりする.つまり意味をもつのである.そしてここで問題にしたい代表は後者の方,つまり個体的代表と呼ばれる方なのである.

さて個体的代表は大きく三つに分かれる.(1)離散的代表.これは"このひとは走る","ソクラテスは走る"の場合である.これは$f(a)$であらわされる.(2)限定的代表.これは"あるひとは走る"のように"ひと"に特称記号がついた場合である.これが限定的と呼ばれるのは,どのひとについても"あるひとは走る"が真ではなく,ある限定されたひと,つまりいまの場合は走っているひとについてだけ真だからである.そしてこれは$(\exists x)f(x)$であらわされる.(3)非限定的代表."すべてのひとは走る"がその例であり,$(x)f(x)$に相当する.

特称・全称と選言・連言

さてスコラの論理学では"あるひとは走る"という特称命題は"このひとは走る,または,あのひとは走る,または,かのひとは走る,云々"といった単称命題の選言の形にされる.それゆえ,特称命題"あるひとは走る"が真であるためには,いまのような

選言命題を構成する命題の一つ,例えば"このひとは走る"が真であれば十分だとされる.これに反して,全称命題"すべてのひとは走る"は"このひとは走る,そして,あのひとは走る,そしてかのひとは走る,云々"といった単称命題の連言の形にされる.それゆえ,全称命題"すべてのひとは走る"から,単称命題"このひとは走る"も導き出せるし,"あのひとは走る"も導き出せるとされる.

こうしてスコラ論理学では $f(a) \to (\exists x) f(x)$ と $(x) f(x) \to f(a)$ の二つの式の成立が発見されている.そこから当然 $(\exists x) f(x) \to (x) f(x)$ も導き出せる.そして以上の三つの式が妥当であることは図 58 で確かめることができる.

このように,いったん限量論理学の出発点を与えた中世論理学も,近世に入るとともに衰退の途をたどった.それにかわって生まれた近世論理学も,初めのうちはアリストテレスの三段論法における"すべての","ある"といった限量子を記号化しようとしてことごとく失敗する.というのも,アリストテレスの A, I, E, O における"すべての","ある"は,$(x) f(x)$, $(\exists x) f(x)$ における"すべての","ある"とはかなりその性質を異にし,しかも前者の方が後者にくらべてずっと複雑な性格をもっているからである.

パースの限量論理学

さて,限量論理学における (x) と $(\exists x)$ のオペレーターを近世において最初に発見したのはパースとシュレーダーだといえるだろう.アメリカの論理学者パースは,レーマという概念を導入した.例を挙げると,"……は善良である","……は——を愛する","……は——に〜〜を与える"といったものである.つまりレーマとは,いくつかの空白的部分をもつ文のことである.ところでこのレーマは現在の論理学のことばでいえば明らかに命題関数であ

る.つまり $f(x)$, $f(x,y)$, $f(x,y,z)$ といったものである.さてこうしたレーマあるいは命題関数はそれ自身においては真でも偽でもなく,不定である.一般に"ジョンはメリーの父である"といった命題は真偽を決定しうるが,"x は y の兄である"は真でも偽でもない.レーマはその空白を世界に存在する個物で埋められて初めて真の意味の命題となり,真偽が決定される.このように,レーマすなわち命題関数はそれ自身では真でもなく偽でもなく,それゆえまだ命題ではないわけで,それが命題となるためには,その空白の箇所を個物で埋めればいいのであるが,もう一つのやり方で命題関数を命題に変えるということも可能である.そしてそれがパースの発案になる限量子の理論である.すなわち,"x は y の父である"は命題関数でありそれ自身真でも偽でもないが,"ある x はある y の父である"は命題であり,真である.しかし"ある x はすべての y の父である","すべての x はある y の父である","すべての x はすべての y の父である"の三つの命題は偽である.そしてパースはこの"すべての"を一般限量子,"ある"を存在限量子と呼んだ.このようにしてパースにおいてはっきりと限量論理学の成立が認められるのである.

さてこうしたパースのレーマの考え方は,実は中世スコラを通じてアリストテレスやプラトンにまで遡りうる.というのも,レーマとはギリシア語であって,動詞という意味だからである.スコラの限量論理学が,"S は P なり"のタイプの文でなく,"ひとは走る"といった"名詞プラス動詞"式の文をもとにしたものであることは上述のとおりである.そしてこの"名詞プラス動詞"で文を考えるのはアリストテレスからプラトンにまで遡るのであって,実際プラトンは『ソピステース』で,命題つまりロゴスは名詞(オノマ)と動詞(レーマ)から成り立つのであり,そのどちら

関係論理学と限量論理学

このように,"名詞プラス動詞"タイプの文,いやむしろ動詞優先型の文は,限量論理学の成立にとってきわめて大きな役割をもったといえる.ところでこの動詞型の文は"ひとは走る"といった命題だけでなしに,"ひとは犬を愛する"とか"ひとは犬に食物を与える"のような命題をも含む.そして,"ひとは走る"は名詞を1項だけしか含まないが,後の二つは,2項および3項を含む.そしてさらにそれらは2項間の関係,3項間の関係をも表現している.それゆえパースのレーマつまり動詞は単に"主語となる名詞をもつ述語動詞"といった1項の命題関数だけでなく,もっと広く,"主語およびその他の名詞と関わりをもつ述語動詞"を意味する.それゆえ,パースのレーマの考えは,関係論理学をも包含するし,現にパースはまた関係論理学の創始者の一人に数えられるのである.

さて前に命題関数に限量子を付加することによって命題関数ははじめて命題になると述べたが,パースはこの限量子のうちの一般限量子を $\prod$ であらわし,存在限量子を $\sum$ であらわした.すなわち例えば $\prod_i l_i$ および $\sum_i l_i$ はつぎのように定義された.

$$\prod_i l_i = l_1 \cdot l_2 \cdot l_3 \cdots$$
$$\sum_i l_i = l_1 + l_2 + l_3 + \cdots$$

この定義で l はレーマつまり動詞,i は主語となる名詞のやってくるべき場所を意味し,1, 2, 3 等は主語となる具体的な名詞をあらわす.こうして上掲の二つの式は,現代風なつぎの2式に対応する.

$$(x)f(x) = f(a) \wedge f(b) \wedge f(c) \wedge \cdots$$
$$(\exists x)f(x) = f(a) \vee f(b) \vee f(c) \vee \cdots$$

シュレーダーの限量論理学

パースの以上のような重要な布石にもとづいてシュレーダーは関係論理学を大きく発展させた．そしてこの関係論理学の発展はまた，限量論理学の発展でもあった．さてシュレーダーはパースにならって限量記号としてやはり Π と Σ を採用した．ところでこの Π と Σ という記号はもとはといえば数学の記号であり，Π は Produkt の頭文字をギリシア文字であらわしたものであり，したがって積記号と呼ばれる．そして Σ は Summe の頭文字をギリシア文字であらわしたものであり，和記号と呼ばれる．実際パースもさきの Π の式を・という積記号で展開し，Σ の式を＋という和記号で展開した．ここから見ても，パース-シュレーダー式の限量論理学が数学の影響下で成立していることがわかるのである．とはいえ，ここでいう積と和が算術でいう掛け算と足し算と異なることはもちろんであって，これはジェヴォンズ及びパースやシュレーダーが使った×と＋の記号が数の掛け算，足し算ではなくて，連言と選言(非排他的)を意味するのと完全に軌を一にしているのである．

フレーゲの限量論理学

こうしたパース-シュレーダーの限量論理とは独立に，ドイツの数学者兼論理学者のフレーゲもまた，限量論理学のすぐれた理論をつくり上げた．フレーゲは1879年に『表意文字』という奇妙な名前の書物を刊行した．この書物は"数学に範をとってつくられた純粋思考の形式言語"という副題をもつ．この書は確かに優れた論理学であるが，同時にこの論理学書は，いわゆる表意文字を使って書かれている．表意文字とはエジプトや中国の象形文字，I, II, III のようなローマ数字，占星術で使う記号，化学記号等のことである．数学ではすでに16世紀のフランスの数学者フ

ィエタが，算術は数計算(logistica numerosa)であるのに対して代数学は記号の計算(logistica speciosa)であるといった区別をおこなっている．そしてライプニッツはこれを受けて，普遍的記号学(characteristica universalis)の構築を試みた．そしてその際，ライプニッツは単なる表音文字記号だけでなく，表意的文字記号を使うことを強く提唱した．フレーゲの『表意文字』という書物は，このライプニッツの夢をほぼ完全に実現したということができるのである．

さてフレーゲの限量論理学であるが，彼は数学の関数の理論に範をとって，論理学にも関数の概念を導入する．そして彼のいう関数とは，例えば"水素ガスは炭酸ガスよりも軽い"という命題において，"水素ガス"と"炭酸ガス"の部分を除いた残りであって，この残りを彼は数学のことばを使って"関数"(Funktion)と名づけた．他方，水素ガスや炭酸ガスという語が置かれている場所は，窒素ガスや塩素ガスで置きかえることができるので，これもまた数学のことばを使って"変数"(Argument)と呼んだ．ただし論理学ではもっぱら数を扱うというわけではないので変数は変項とした方がよいが，関数は適当な訳がないままに，数学用語をそのままに使っている．しかし特に区別する場合は命題関数と呼ばれる．ところで"水素ガスは炭酸ガスよりも軽い"という命題は真である．しかし"水素ガス"の場所に"塩素ガス"を代入すると新しい命題は偽になる．それゆえ命題関数は，変項にいろいろな定項を代入することによって，真または偽なる値をとるような関数なのである．

フレーゲ式表意文字

さて命題関数を真または偽ならしめるもう一つの方法は，それに限量化を施すことである．そしてフレーゲはそれを次のように

表現した．ただし右方はその現代的な表記である．

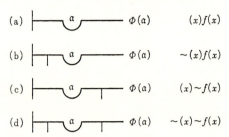

　フレーゲのこの表記法はなんとも奇妙なものであるが，これが表意文字の表意文字たるゆえんであろう．さてフレーゲは凹みのある横棒を"全称記号"と呼んだ．そしてその横棒から垂れ下がる短い垂線は否定の印である．すると，フレーゲの記号は，その右側に記したような限量論理学の現代的記法で翻訳できるであろう．ところでフレーゲの場合 Φ は関数つまり Funktion の頭文字をギリシア語であらわしたものである．そしてそれに対応する右方の記法の f は Funktion の頭文字そのものである．またフレーゲの $\mathfrak{a}$ は，変項つまり Argument の頭文字をドイツ文字の小文字であらわしたものである．それに対応する右方の記法の x は，数学で変数(variable)をあらわす記号をそのまま使ったものである．

　さてフレーゲは限量記号を一通りだけしか使わなかった．そしてもちろん一通りだけで，(a)～(d)までを，否定記号を併用することによって表現しうる．しかし，そうした全称記号とは別に，特称記号もあった方が便利である．そうした特称記号として使われるのが $(\exists x)$ である．実際フレーゲは，(d)を"Φ なる性質をもつものがある"と解釈しているが，そうした"がある"に対する記号は使用していない．そして $(\exists x)$ という記法を使ったのは，フレーゲの論理学を継承し発展させたラッセルであり，この記号は

"exist"という動詞の最初の二文字をとったものであるが，∃という文字はEをわざと逆転させたものである．このようにしてフレーゲの記法での(d)はまた$(\exists x)f(x)$とも書き換えることができる．そして結局，フレーゲの限量論理学の(a)から(d)までの四つの式は図58に乗せることができるのである．

命題関数と述語論理学

このようにフレーゲの限量論理学の出発点はパースとは独立に，しかも期せずして，述語動詞つまり"――は〰〰よりも軽い"とか，"――は家である"とか，"―― が〰〰に……を与える"といったものから出発した．そしてフレーゲはこれを関数，もしくは命題関数と呼んだ．それゆえ命題関数をもとにした計算は命題関数的論理学(functional calculus)と呼ばれる．しかしフレーゲの名づけた関数はまた，もう少し論理学的，文法学的に述語動詞と名づけてもよいであろう．そして，そういう立場をとったのがヒルバートとアッカーマンであり，彼らは述語動詞を略して述語(Predikat)と呼んだ．それゆえそうした述語を基礎にした計算は述語論理学(predicate calculus)と呼ばれる．

このようにして限量論理学は結局，命題関数の論理学でもあり，述語論理学でもあり，さらに関係論理学でもあるという非常に領域の広い論理学だといえる．そして実は命題論理学もまた限量論理学の一部に含めることができる．というのも，$f(x)$を変数が1個の命題関数，$f(x, y)$を変数2個の命題関数だとすれば，命題pは変数0個の命題関数だと解釈することができるからである．そしてさらにクラス論理学もまた，限量論理学として解釈することが可能である．そこで最後にそのことに触れることにしよう．

クラス論理学と限量論理学

"xは人間である"はxを個体変項としてもつ命題関数である．

そしてそれは $f(x)$ と表示される．ただしここでは f は"は人間である"を意味する．すると"ソクラテスは人間である"は $f(a)$ であらわせる．ところで $f(x)$ を満足させる個体はソクラテスに限らない．プラトンでもいいし，アリストテレスでもいい．そこで $f(x)$ を満足させるような個体の集合つまり人間というクラスを $\{x:f(x)\}$ とあらわす．すると a はもちろんこのクラスに属するわけだから，$a\in\{x:f(x)\}$ が成り立つ．ここで a は個体であり，$\{x:f(x)\}$ はクラスであり，記号 $\in$ はある個体がクラスに所属するということを意味する．ちなみにいえば，$\in$ はギリシア語の $\dot{\varepsilon}\sigma\tau\acute{\iota}$ つまり"である"の頭文字であり，それゆえ，$\in$ は"に所属する"と読んでもいいし，"である"と読んでもいい．ところで $f(a)$ はもともと，"ソクラテスは人間である"を意味していた．そして $a\in\{x:f(x)\}$ は"ソクラテスは人間というクラスに所属する"または"ソクラテスは人間である"を意味する．それゆえ，一般に $f(a)$ と $a\in\{x:f(x)\}$ は結局同じことだということになる．そしてさらに，二つの式の a を y におきかえた $f(y)$ と $y\in\{x:f(x)\}$ も同じだということになる．とはいえ，最後のペアーをなす二つの式はともに y を変項とする命題関数であるから，限量子を付加せねば命題とならない．

さてクラス論理学でいうクラスはいまの場合 $\{x:f(x)\}$ に相当する．すると例えばクラス論理学における含意の式は，$\{x:f(x)\}\subset\{x:g(x)\}$ ……(1) となる．ここで $f(x)$ は "x は人間である" を意味し，$g(x)$ は "x は哺乳動物である" を意味するとすれば，いまの式は"人間というクラスが哺乳動物というクラスに内含される"という意味になる．そしてこのようなクラス論理学的な命題に対応するのが $(y)\{f(y)\to g(y)\}$ ……(2) であって，これは"いかなる y をとっても，その y が人間であれば，その y は哺乳動物で

ある"を意味する．そしていまのような解釈からもわかるように，(1)と(2)はおなじ事態を指しているのだといえるのである．こうして結局，クラス論理学を限量論理学の中に含み込んでしまうことが可能なのである．

以上で第Ⅰ部を終りたいと思うが，一応の結論を出してみると，まず第1に論理学の構造はブール束と密接な関係があると断定できる．そしてこのことは，名辞論理学あるいはクラス論理学が，図1等で表現できること，命題論理学のうちの古典論理学が図39で表現できること，さらに様相論理学と限量論理学も図52や図58で表現できることからもわかるであろう．ただし，命題論理学のうちの最小論理と直観論理は図50および図48で見られるように，古典論理とは少し形を異にしており，純粋のブール束ではないが，ブール束に近いものであるということは主張できる．そして論理学としてはやはり限量論理学がもっとも豊富であり，クラス論理学も，命題論理学も，その中にとりこむことができること，それに命題論理学をとりこむ場合は，限量論理学それ自体もまた古典論理的あるいは直観論理的あるいは最小論理的となるということも主張できるであろう．

こうして論理学の歴史とは，結局，論理学という衣装をまとったブール束およびそれと近縁の束構造の全貌を見つけだすに至った道程だったということができるのである．

第Ⅱ部

第1章　古代論理学の性格

アリストテレスの論理とユークリッドの論理

　古代の論理学はアリストテレスに始まり，アリストテレスの手できわめて高度なものにつくりあげられた．そしてその成果がアリストテレスの三段論法である．ところでこの三段論法は，名辞論理学であって，その構造からいえばクラス論理学の一種であるということは第I部で述べた通りである．とはいえ，この三段論法というものは，ギリシアの古代世界，ひいてはそれ以後のヨーロッパ世界にとってどういう意味をもつものであろうか．この問いに答えるために，アリストテレスより1世代後の数学者ユークリッドの『幾何学原論』の公理論的体系を，アリストテレスの公理論的体系と比較するという方法をとろう．というのも，ユークリッドの方が，公理体系としてはより完璧であって，これを鏡としてアリストテレスの仕事を映し出せば，幾分不完全で，わかりにくいアリストテレスの公理体系も，明晰なものとなるであろうからである．

　そこでまずユークリッドの証明法，ひいては，公理論的方法というものを，二つの例をとりあげて説明することにしよう．

　第1例は『原論』第1巻第6命題である．この第6命題，つまり第6定理はつぎのような仮言命題である．"三角形の2角が等しければ，等しい角に対する辺も互いに等しい"．この命題は図59を使用して具象化することによってつぎのように証明される．まず例によって証明されるべきテーゼが冒頭にくる．

　"△$AB\Gamma$ において $\angle AB\Gamma = \angle A\Gamma B$ だとせよ．主張されるべき

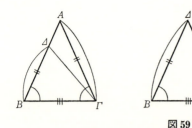
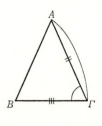

図59

ことは $AB=A\Gamma$ である".

ユークリッドにおける命題論理学の使用

この証明は帰謬法を使っておこなわれる.

$AB \neq A\Gamma$ なら, どちらか一方が大きい. そこで $AB>A\Gamma$ とする. 図で示されたように大きい方の AB から, 小さい方の $A\Gamma$ に等しい ΔB を切り取る. そして $\Delta \Gamma$ を結ぶ. すると $\Delta B=A\Gamma, B\Gamma=\Gamma B, \angle \Delta B\Gamma = \angle A\Gamma B$. それゆえ $\triangle \Delta B\Gamma = \triangle A\Gamma B$. しかしだとすると小さい三角形が大きい三角形と等しくなる. しかしこれは不合理である. ゆえに $AB \neq A\Gamma$ ではない. ゆえに $AB=A\Gamma$ である.

ユークリッドの以上の証明を, もう少し論理的に整理すると以下のようになる. ただし波形は否定をあらわす.

(1)　$\sim(AB=A\Gamma) \to (AB>A\Gamma)$

ここで矢印であらわされた内含式が成立するのは, 公理8"全体は部分より大きい"にもとづく.

(2)　$(AB>A\Gamma)(\Delta B=A\Gamma)(B\Gamma=\Gamma B)(\angle \Delta B\Gamma = \angle A\Gamma B)$
　　　$\to (\triangle \Delta B\Gamma = \triangle A\Gamma B)(AB>\Delta B)$

この内含式が成立するのは, すぐ前に証明された定理4(2辺と挟角が等しいと三角形は合同)にもとづく. さて(2)を(3)に変えることができる.

(3) $(AB > A\varGamma)TTT$
$\quad\to F$

ここで T が三つ並ぶが，T とは真なる式という意味である．さて最初の T は，$A\varGamma = \varDelta B$ が仮定によって真だから，そうである．2番目の T は，公理7(互いに重なり合うものは互いに等しい)によって真だから，そうである．3番目の T は，$\angle \varDelta B\varGamma = \angle A\varGamma B$ が仮定によって真だからそうである．最後の F つまり偽は，$(\triangle \varDelta B\varGamma = \triangle A\varGamma B)(AB > \varDelta B)$ が公理8に反することによって偽となるからそうである．さて命題論理学では $p \wedge T = p$ であるから，(3)は(4)となる．

(4) $(AB > A\varGamma) \to F$

そして(1)と(4)から，$(p \to q)(q \to r) \to (p \to r)$ を使うことによって(5)が成立する．

(5) $\sim(AB = A\varGamma) \to F$

ところで命題論理学における帰謬法は $(p \to F) \to \sim p$ である．そこでこれを使うと，(5)によって，$AB = A\varGamma$ が真となる．そしてこれが証明したいこと，つまり Q. E. D. であった．

以上の証明が成立するためには，以下のようなことがらが必要であった．(1)仮定を真だと了解しあうこと，(2)公理を真だと認めること，(3)公理から証明された定理を真だと認めること，(4)命題論理学の公式を真だと認めること．ただ残念なことに，(4)についてはそれは暗々裡にしかおこなわれていない．しかしユークリッドの証明は，いたるところで命題論理学を使用しているのであって，彼の使う論理学は三段論法などではなくて，すべて命題論理学なのである．

いまの例は典型的な幾何学的定理であったが，ユークリッドの中には，数論的要素も多く含まれている．そこで第2の例として，

比例計算に関する定理の証明をみよう．

『幾何学原論』の中の数論

ユークリッド第7巻第14命題はこうである．"$A:B=\varDelta:E$, $B:\varGamma=E:Z$ ならば，$A:\varGamma=\varDelta:Z$ である"．そこで $pq \to r$ を証明すればいい．ここで p, q, r はいまの三つの式を順にあらわしたものである．

さてその証明はユークリッドによればこうである．

$A:B=\varDelta:E$ だから，いれかえによって $A:\varDelta=B:E$ である．また $B:\varGamma=E:Z$ だから，いれかえて $B:E=\varGamma:Z$ である．ところが $B:E=A:\varDelta$ である．ゆえに $A:\varDelta=\varGamma:Z$ である．それゆえいれかえによって $A:\varGamma=\varDelta:Z$ である．そしてこれで証明終り．

これをもう少し整理して述べよう．

(1) 〔$\{(A:B=\varDelta:E) \to (A:\varDelta=B:E)\}(A:B=\varDelta:E)$〕
$\to (A:\varDelta=B:E)$

つまり $\{(p \to s)p\} \to s$

式(1)全体は命題論理学の定理であるから真である．そして $p \to s$ は，比例式の内項の入れかえであって，これは，直前の定理13によって真である．そして p は仮定によって真である．ゆえに s は真となる．

(2) 〔$\{(B:\varGamma=E:Z) \to (B:E=\varGamma:Z)\}(B:\varGamma=E:Z)$〕
$\to (B:E=\varGamma:Z)$

つまり $\{(q \to t)q\} \to t$

ここでも定理13と，仮定により t は真となる．

つぎに $(l \to m)(n \to o) \to (ln \to mo)$ という論理学の定理を使えば(1)と(2)から(3)が成立する．

(3) $(p \to s)p(q \to t)q \to st$

(3)において $(p \to s)$ と $(q \to t)$ はともに定理によって真であるから

式(4)が成立する.

$$(4) \quad pq \to st$$

つぎに式(5)が成立する.

$$(5) \quad (A:\varDelta=B:E)(B:E=\varGamma:Z) \to (A:\varDelta=\varGamma:Z)$$

つまり $st \to u$

この(5)は公理1(同じものに等しい二つのものは互いに等しい)によって成立する.

つぎに(6)が成立するが, これは定理13による.

$$(6) \quad (A:\varDelta=\varGamma:Z) \to (A:\varGamma=\varDelta:Z)$$

つまり $u \to r$

さらに論理学の定理 $(l\to m)(m\to n)(n\to o)\to(l\to o)$ を使って, (4), (5), (6)から(7)が成立する.

$$(7) \quad (A:B=\varDelta:E)(B:\varGamma=E:Z) \to (A:\varGamma=\varDelta:Z)$$

つまり $pq \to r$

そしてこの(7)が証明されるべきことがらであった.

第2例の証明でも, 公理と定理が使用され, さらに暗々裡ではあるが, 命題論理学が使用されている.

以上がユークリッドの証明法あるいは公理論的手法である. そしてこの方法の確立は人類の知的歴史の中でもっとも輝かしい仕事の一つだったのであり, この手法は現在でも十分有効であり, かつ常用されているものである.

さてここらで本来の目的であったアリストテレスの公理論的手法を, ユークリッドのそれと比較しながら調べていこう.

アリストテレスの公理論と命題論理学

アリストテレスの公理論ではもちろん三段論法がその中心を占める. ところでアリストテレスは自分が作りあげた三段論法をどのような仕方で利用したのだろうか. このことを『分析論後書』

に出てくる実例で見ることにしよう.

(1) すべての B は A であり,すべての $\varGamma$ が B であれば,すべての $\varGamma$ は A である.

(2) すべての広葉植物は落葉植物である.

(3) すべての葡萄の木は広葉植物である.

(4) ゆえにすべての葡萄の木は落葉植物である.

ただし,いまの場合,広葉植物を A とし,落葉植物を B とし,葡萄の木を $\varGamma$ とする.さていまの推論は実は $\{(pq\to r)pq\}\to r$ という命題論理学上の式を使っておこなわれたといわねばならない.ところでいまの式において, $pq\to r$ つまり(1)は三段論法の第一格第一式であり,これは無条件的に真だといえる.つぎに p と q つまり(2)と(3)であるが,この二つが真であることが証明できれば,(1)の真であることと相まって,(4)の真であることが保証できる.しかし(1)の真であることはよいとして,(2),(3)の真であることはどうして保証されるのであろうか.その答えは,(2),(3)の命題がアリストテレスのいう"自然学"の領域での命題であり,しかも真なる命題であるからだといえるであろう.そしてアリストテレスの他の例はいまの植物学のほかに,動物学,天文学,光学,機械学,和声学からももたらされているのであり,それゆえそれらの命題は,経験科学上の真理値をもつものといえる.しかしアリストテレスによる三段論法の適用はなおまた数学的な概念に対してもおこなわれる.そしてその例はつぎのとおりである.

(1) すべての B は A であり,ある $\varGamma$ が B であれば,ある $\varGamma$ は A である.

(2) すべての奇数は数である.

(3) ある(特定の)奇数は奇数である.

(4) ゆえにある(特定の)奇数は数である.

ここで(1)は第一格第三式であるから真である．(2)と(3)は，数学上の真なる命題である．それゆえ(4)は真となる．なおアリストテレスはいまのような数論的な例の他に三角形とその性質を扱う幾何学的な命題をも例として使っている．

ここまでの結果をユークリッドの場合と較べてみよう．アリストテレスの以上2例の証明では以下のようなことが必要であった．(1)三段論法の1個の式を真だと認めること，(2)いくつかの経験科学的命題を真だと認めること，(3)いくつかの数学的命題を真だと認めること，(4)命題論理学の公式を真だと認めること．ただし第4番目の承認は，アリストテレスの場合でも，暗々裡においてしかおこなわれていない．

さて問題は(1)であるが，三段論法のすべてが真ではなくて，そのうちの4個が公理であり，残りの10個がそこから演繹された定理である．この演繹に際しては，いくつかの命題論理学が使用された．そしてそれはつぎのような式である．

$$(pq \to r) \to (p\bar{r} \to \bar{q})$$
$$(pq \to r) \to (\bar{r}q \to \bar{p})$$

その演繹の仕方は第Ⅰ部で述べたとおりである．つまり，アリストテレスにおいては，まず(1)について一つの閉じた公理系が存在しているのであり，それはアリストテレスが意識的につくりあげたものである．

アリストテレスにおける自然学的真理と数学的真理

それでは(2)および(3)の真理性はなにによって保証されているのだろうか．(2)については一応人間の経験にもとづく経験的真理だといえるであろう．しかし(2)のような経験的真理にせよ，(3)のような非経験的真理にせよ，それらが真であるためには，それを真ならしめるような構造がことばの世界でなくて存在の世

図60

界になければならない．それではアリストテレスの場合，そうした存在の構造とはどんなものであろうか．それはさっきあげた2例についていえば，前者においては図60の(a)，後者においては(b)といった構造なのである．そしてこの図は，例えば葡萄の木という概念の外延が，落葉樹という概念の外延より小さいということを，前者をあらわす小さい方の円が，後者をあらわす大きい方の円の中に含まれているということで示したものである．そしてさきの2例の(2)と(3)が真であるということは，図60のような存在構造あるいは実在構造にもとづいていわれうるのである．

ところでいまの2例を通じて，(1)つまり三段論法の式自体の方はなんら存在の構造をあらわしていない．いうなればそれは思考の構造をあらわしているだけであり，実在の構造についてなんの情報も与えないのである．しかし，(2)と(3)は図60の(a)，(b)によって示されたような存在の構造を忠実に反映しているがゆえに真なのであり，そうした真なる命題は，存在の構造，実在の構造を忠実に知らせているものだといえる．

アリストテレスにおける実在的構造

さて実在の構造は千差万別であるが，いま仮りに図61のような(a)，(b) 2種類の実在的構造があったとしよう．

アリストテレス自身は，(a)，(b)でなくむしろ(a′)，(b′)の方でイメージしていたようである．というのも実際彼は，縦方向，横

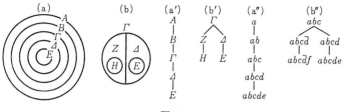

図61

方向ということばを使い,これは,A……Eのことと$\varDelta$……Zのことを意味していると考えられるからである.しかも彼は縦方向において上方と下方,上位と下位を区別しており,上位で普遍的な存在を,下位で特殊的な存在を意味させたのである.

さてある現実の構造が(a), (a′)のようだったとしよう.すると,そうした構造をもっとも簡潔に命題の形で記述したとすれば,つぎのとおりとなるであろう.(1)すべてのBはA,(2)すべての$\varGamma$はB,(3)すべての$\varDelta$は$\varGamma$,(4)すべてのEは$\varDelta$.これら四つの命題が真であることは,その存在構造から保証される.したがって,(1)から(4)を公理と考えてもよい.だとすると,それら4個の公理から何個かの定理を導き出すことができる.その数は簡単な計算によって6個ということがわかる.そして一般に公理がn個だとすればそこから導かれる定理の総数は$\frac{1}{2}n(n-1)$個となる.

さてそのような公理からの導出のやり方であるが,例えば"すべての$\varDelta$はAである"という命題を導き出すとしよう.そのためには,公理"すべてのBはA"と"すべての$\varGamma$はB"と第一格第一式とから,命題論理学の定理$(pq \to r)pq \to r$を使って"すべての$\varGamma$はA"を導き出す.つぎに定理"すべての$\varGamma$はA"と公理"すべての$\varDelta$は$\varGamma$"と第一格第一式と,命題論理学のいまの定理

とから"すべての $\varDelta$ は A"が導き出せるのである.

実在の構造をいまのように考えれば，前の例のような経験的命題も，数学的命題も，差別なしに表現でき，しかもそれらを公理とそこから導き出される定理からなる公理系の中に位置づけることができる．ただし，経験命題から数学命題が導き出されたり，数学命題から経験命題が導き出されることはない．それは，この両種の命題がその論議領域を異にしているからである.

順序的実在構造と半順序的実在構造

さて，アリストテレスにおける存在の構造は(a′)のような直線的なものだけでなく，(b′)のような分枝的なものも見受けられる．しかし(b′)は実は(a′)と接合させることが可能である．すると図61の(b)を参考にして，つぎの2個の公理を追加することができるであろう．(5)いかなる Z も $\varDelta$ でない(いかなる $\varDelta$ も Z でない).(6)すべての H は Z である.

図61で使われた名辞は A から H までの7個の文字記号であったが，これを具体的な例でやってみよう．しかしその前に $A\sim H$ を(a″),(b″)に見られるように $a\sim ab\bar{c}df$ に置きかえよう．ここで $a,b,\cdots,f$ は単純概念をあらわし，例えば $a\bar{b}$ は a と"b の否定"との連言という複合命題をあらわす．すると(a″)のうちで例えば a と ab の関係は図1に乗せることができる．そして実際，(a″)は全順序集合の一部，(b″)は半順序集合の一部を構成するのである．以上の準備の末に $A\sim H$ に具体的な例を与えよう．そしてそれは同時に $a\sim f$ にも具体的な例を与えることである．すると図62ができあがる.

(a‴)

実体 ＝ 実体
　｜
有形物 ＝ 有形的実体
　｜
生物 ＝ 生命ある有形的実体
　｜
動物 ＝ 感覚をもつ，生命ある有形的実体
　｜
人間 ＝ 理性ある，感覚をもつ，生命ある有形的実体

(b‴)

生物 ＝ 生命ある有形的実体

植物 ＝ 感覚をもたぬ，生命ある有形的実体　　動物 ＝ 感覚をもつ，生命ある有形的実体

木 ＝ 根から1本の幹を発する，感覚をもたぬ，生命ある有形的実体　　人間 ＝ 理性ある，感覚をもつ，生命ある有形的実体

図62

類・種のヒエラルキー的構造

さて以上あげた $A \sim H$ の例はすべて普遍的存在である．アリストテレスはこうした普遍的存在を，類と種に分ける．そして類と種との関係は図61(a′)〜(b″)および図62に見られる縦線で結ばれた項の上方のものと下方のものとの関係を意味する．例えば A と B がそうであり，Δ と E がそうである．ところで Δ と E についていえば，Δ は $abcd$ であり E は $abcde$ である．そこで $E = abcde$ の $abcde$ に Δ を代入しよう．すると $E = \Delta e$ となる．そしてこれを実例で考えれば，人間＝理性的動物ということになる．するともちろん人間は種であり，動物は類である．そして，"理性的"の方は，種差と呼ばれる．この"種差"とは，specific difference の訳であって，いまの例でいえば"理性的"は人間という種にだけ付加されることができ，人間を他の諸動物から区別す

るものだから"種差"といわれるのである．そして一般に"類＝種×種差"（ここで×の記号は連言を意味する）の式が，$E = \varDelta e$ の他にも成り立つのであって，$B = Ab, \varGamma = Bc$ 等々がそうである．こうしてアリストテレスの描いた存在の構造は，そうした類，しかも最高類からつぎつぎと降下していって最下種にいたる存在の梯子である．しかもその梯子は実は1本の梯子ではなく，いろいろの位置から下方へと枝分れをする梯子の複合体であり，全体として逆さの樹形をなす構造をもつものなのである．

　さてアリストテレスはこの梯子もしくはヒエラルキーを示すのに，類と種ということばを使った．そしてこのうちの種を彼はギリシア語で eidos と呼んだ．その後この eidos はラテン語に訳されて species となった．このラテン語は英語でもそのまま使われ，例えばダーウィンの『種の起源』は Origin of Species である．近世での species という語はこのように主として生物学上の種という意味で使用される．アリストテレスの eidos も生物学的な意味にも使われるが，しかし彼の場合はもっと広く，全存在の領域にわたってこの種と類という語が使われる．

プラトンの分類論からアリストテレスの推理論へ

　さてこの eidos というギリシア語であるが，この語は実はプラトンが使い始めた哲学用語であり，プラトンはこの eidos を idea と同義に使用していたのである．ところでプラトンの提唱したイデアの2分割法については第Ⅰ部で述べたとおりである．そしてこの2分割法が名辞論理学の萌芽となったことも既述のとおりである．しかしアリストテレスはプラトンのそうした理論を忠実に継承したわけでは決してない．まずアリストテレスはプラトンのいうイデアあるいはエイドスの超越性を否定し，それを天上から地上に引きおろした．そして，種（エイドス）と類という用語を使

って，全存在の分類を試みた．特にそうした諸存在の中で，先の例でも示したように，自然学の対象となる存在と数学の対象になる存在とを重視した．とはいえアリストテレスは全存在の単なる分類だけに甘んじたわけではない．アリストテレスは，プラトンのイデアの2分割法は単なる分類にとどまるものであって，なんら推論を構成していないとし，推論をなさないような分類理論は論理学でもなんでもないとして厳しく批判し，自分のつくりだした三段論法こそがほんとうの意味での論理学，つまり推論の術だと主張するのである．アリストテレスのこうした主張は十分妥当なものであって，わたしたちは彼の功績に対して賞讃を惜しむべきではないであろう．

このようにアリストテレスの三段論法は確かに優れた名辞論理学ではあるが，しかしそれが万能でないことはもちろんである．彼の三段論法が有効に使われるのは，当然のこととして類と種のヒエラルキー的存在構造を処理する場合に限られる．とはいえ，実在の構造のすべてがそうした構造をもつとは限らないし，さらに思考形式のすべてがそうした構造をもつとは限らない．現に，初めに出したユークリッドの公理論においては，アリストテレスの三段論法の片鱗ものぞいていない．このことは，三段論法が，ユークリッドの幾何学体系の構築には無用であり，無力であるということを意味するのである．そしてユークリッドの公理論において使用されたのはもっぱら命題論理学だったのである．

アリストテレスの『トピカ』論

古代における命題論理学をめぐる問題はもう少し後に論じることにして，アリストテレスの論理学の中で，三段論法と並んでもう一つ忘れてならないのは，彼の『トピカ』で発表されているトピカ的推論もしくはトポス的推論である．

例によってトポス的推論の典型的なものをアリストテレスの著作『トピカ』からとりだそう.

(1) ある事物がある付帯性を受け容れることができれば、それとは反対の付帯性をも受け容れることができる.

(2) しかるに欲情的な部分は知識を受け容れない.

(3) ゆえに欲情的な部分は無知をも受け容れない.

以上の推論は，用語が古めかしいので理解しにくいかもしれないから，少し説明を加えよう. まず付帯性であるが，これは偶有性ともいわれる. 例えば，"人間"はその本質として"動物"や"理性"をもつ. しかし"皮膚が白い"とか"黒い"とか，"立っている"とか"坐っている"とかは，"人間"の本質ではなくて，偶然的，付随的なものである. それゆえ，"白い"とか"坐っている"は"人間"の付帯性といわれる. つぎに欲情的な部分とは，プラトンによる霊魂の3分法に従った名称であり，それによると，霊魂は理知的部分と気概的部分と欲情的部分とからなるとされている. ところでいまの推論は，"欲情的部分は無知だ"とひとがいったときに，そのひとの主張を反駁するためのものであって，欲情的な部分は知はもちろん無知でさえも受け容れるようなしろものでないということを証明したものである.

さて以上の証明において，アリストテレスは(1)を"トポス"と呼んだ. しかも(1)を特に，"相反する二つの付帯性の述語付けに関するトポス"と呼んだ. アリストテレスはそうしたたぐいのトポスを合計でほぼ300個あげている.

命題としてのトポス

ところでアリストテレスのいうこのトポスであるが，このギリシア語はラテン語では locus, 英語では place, ドイツ語では Platz もしくは Ort, フランス語では lieu と訳される. ここから見る限

りトポスの本来の意味は単に"場所"にすぎない．とはいえ，トポス論におけるトポスは単なる場所ではなく，hunting place つまり，猟獣がたくさんいるので，そこへ行けば獲物をしとめやすいといった場所であり，しかもそれを論理学で比喩的に使ったものである．

それではなぜ，さきの(1)のような命題がトポス，つまり猟場ないしあさり場と呼ばれるのだろうか．そもそも，そこでの推論の目的は(3)，つまり"欲情的な部分は無知を受け容れない"という命題を証明することにあった．そしてその証明の根拠として(2)をもちだした．しかし(2)だけでは(3)の論拠としては十分でない．(2)という論拠をさらに補強し，支える原理がほしい．それをなんとかして探し出さねばならない．そうした場合に，求むべき対象が見つけ出せるような場所がまさにトポスだったのである．ところでいまの場合，(2)から(3)への推論は，相反する二つの付帯性の一方から他方への移行に関係しているから，多くのトポスの中から"相反する二つの付帯性の述語付けに関するトポス"を探りあて，このトポスをもとにして，つぎのような命題をつくればよい．

(1′) 欲情的な部分が無知という付帯性を受け容れることができれば，それとは反対の，知識という付帯性を受け容れることができる．

すると(1′)と(2)から命題論理学の定理である$\{(p \to q)\bar{q}\} \to \bar{p}$を使用することによって，(3)が導出できるのである．

蓋然的命題としてのトポス

このように(3)の導出には，命題論理学の定理と，(1)，(1′)と(2)が必要であった．ただし，(1′)は(1)から作成できるから，合計三つの前提が必要であった．そしてそれによって必然的に結論

(3)が導き出せるのである．ところがアリストテレスはこうした推論を弁証論的推論(dialectical reasoning)と呼び，三段論法を使用するところの論証的推論(demonstration)と区別し，前者を後者より劣ったものと考えた．ところで推論自体を見れば，この弁証論的推論つまりトポス的推論はなんの難点もない．しかしそれにもかかわらず，一段劣った推論と見なされる理由はその形式にあるのではなくて，その素材にある．ところで素材といっても，そこで使用された命題論理学の定理は無条件的に真である．それゆえ問題は，(1)と(2)にあるといわねばならない．そしてアリストテレスによれば，実は(1)も(2)もともにドクサつまりopinion(通念)にもとづいて真とされる命題，つまり蓋然的にのみ真なる命題なのである．したがって，そうした二つの命題を含んだ前提から導き出された結論もまた，蓋然的にのみ真なる命題にすぎないというのである．

確かにアリストテレスの実際におこなっている弁証論的推論を仔細に見ると，前提(2)については多くの場合，"～～～である"，"～～～でない"のかわりに，"～～～と一般に思われている"とか"～～～と一般に思われていない"ということば使いがなされている．そして実はいまの(2)も"受け容れない"でなしに"受け容れると一般には思われていない"となっている．

つぎに(1)についてであるが，こうした命題つまりトポスは確かにprobableな命題つまり蓋然的にのみ真なる命題と呼ばれている．しかしこのトポスはまた，通念は通念でも，すべてのひと，あるいは大多数のひとびとによってそうだと思われている通念によって与えられているのであって，見かけだけの通念，実際にはひとびとに受け容れられていない通念に与えられているのではない．そして後者のような見かけだけの通念を前提にして出発する

推論は，弁証論的推論よりもさらに劣ったものであるが，弁証論的推論は三段論法のような論証的推論より劣りこそすれ，第三のジャンルの推論よりは優れているのであり，それゆえ弁証論的推論は使い方によっては十分に大きな効用をもつとされるのである．

アリストテレスの『弁論術』の中の論理学

以上がアリストテレスの『トピカ』に見られる弁証論的推論であるが，こうした種類の推論はなおアリストテレスの『弁論術』の中にも見受けられる．こんどもいつものように典型的な例をとりだして考察してみよう．

(1) ある事物により多く所属するだろうと思える性質がその事物に属していないなら，より少く所属するだろうと思えるものにも所属していない．

(1′) 神々でさえすべてをしろしめすことができぬならば，いわんや人間においておやといわねばならぬ．

(2) しかるに神々はすべてをしろしめすとは思えぬ．

(3) ゆえに人間がすべてを支配できるとは到底思えぬ．

以上のような推論は，命題論理学の定理である $\{(p \to q)p\} \to q$ を使えば全く妥当な推論である．さていま挙げたような種類の推論をアリストテレスはギリシア語で enthymema と呼んでいる．そして彼はこれを弁論術的推論と定義している．後世，この enthymema は省略三段論法などと呼ばれ，"すべての人間は死すべき存在である．ゆえにソクラテスは死すべき存在である"といった例があげられ，これは"ソクラテスは人間である"という前提を省略した三段論法だと説かれている．しかしそれはアリストテレスから出たものではなく，したがってそうした解釈はまちがいである．とはいえ，いま例として挙げた弁論術的推論が，弁論に際してその全部が語られるわけでは決してない．そんな冗長なこと

は，弁論術としては許されない．であるから弁論に際しては(2)と(3)だけ，そして場合によればせいぜい(1′)だけをそれにつけ加えるといったところである．それゆえ弁論術的推論が省略的であることは確かである．しかしそれは三段論法の一部を省略したものでは決してない．そもそもこうした弁論術的推論は，三段論法とはその論理的構造を全く異にしており，むしろ前に述べた弁証論的推論と構造を同じくするのである．

　さて弁論術的推論においても弁証論的推論と同じく，(1)はトポスと呼ばれる．そして『弁論術』ではその数は28個であり，いま挙げた例はそのうちの一つなのである．このトポスは前に述べた『トピカ』におけるトポスと全く同じ意味である．つまりそれは社会的通念あるいは知識層の通念によって真と認められた一般的命題であり，確からしい命題つまり蓋然的な命題ではあるが，決してうさん臭い命題ではないのである．このようにトポスは常識的命題，いわばmaximつまり格率的な命題であって，すべて，あるいは大部分の人によって共有されているものであるから，弁論術的推論に際してはいちいちとりたててもちだす必要がないので省略されることが多いというわけである．しかし，弁論術の理論体系を組み立てるに当っては，もちろんそうした暗黙に使われているトポスを枚挙し，検討する必要があるわけで，実際，アリストテレスは『弁論術』においてそうしたトポスを30個ほど列挙しているのである．とはいえ，このトポスにはやはりマキシム的要素つまり格率的要素，さらにいえば格言的，諺的な要素がある．そして諺には例外の存在することが当然であるように，このトポスも絶対安全な分析的命題とは異なる．そしてこの意味で，絶対的に妥当する三段論法の式とは性質を異にするのである．

三段論法と弁証論的推論・弁論術的推論

さてエンチュメーマを単に省略三段論法とのみ解することの誤りは，前述のとおりである．そしてエンチュメーマつまり弁論術的推論の面白さはむしろ三段論法とはちがう推論構造をもつという点にある．そして三段論法は確かに絶対安全な式ではあるが，その利用範囲が大そう狭いのであり，三段論法の弱点をカバーするためにも，弁論術的推論はぜひとも必要な存在なのであり，このことは弁証論的推論についても全く同じことがいえるのである．しかしながらアリストテレスは自らの手であの優れた三段論法をつくりあげたのであり，そうした彼からすれば，弁論術的推論はその内容はきわめて豊富ではあるが，その前提となるトポスはやはり蓋然的命題にすぎないということは明らかだったわけである．そしてアリストテレスのこの判断はいまから見てもきわめて健全であり，妥当なものだったというべきであろう．

ところでアリストテレスのこの**弁証論的推論**および**弁論術的推論**は，その後一括して**トポス論として継承**される．すなわち古代ギリシア語世界では，紀元4世紀頃，政治家兼弁論家兼哲学者であり"雄弁家"という仇名をもち，アリストテレスの著作の注釈家として知られているテミスティウスが，そしてローマ世界では，紀元前1世紀の政治家兼雄弁家のキケロおよび紀元5世紀の哲学者兼政治家のボエティウスが，それぞれ，アリストテレスの仕事を大幅に拡大前進させていくのである．

古代ギリシアの命題論理学の性格

ユークリッドの証明，三段論法による証明，弁論術的もしくは弁証論的推論による証明を問わず，証明というものはすべて命題論理学を使ってなされる．とはいえ，以上挙げた3種の証明のどれにおいても命題論理学は使用されてはいたが，あからさまな形

で使用されたわけではない．そして実際，そうした命題論理学が成立するのはユークリッドより50年くらい後のストア派によってである．しかしもちろんストア派はそれまで使われてきた命題論理学の諸定理を集め，その公理化に成功したのであって，ストア派以前のギリシア人は，証明や論争の中で，命題論理学のいろいろの定理を使ってきたことは確かである．そしてそのうちでもっとも有名なのが帰謬法である．そこで例によって帰謬法の使用例をいくつか挙げよう．

プラトンにおける帰謬法

帰謬法のもっともポピュラーな使用例は，プラトンのソクラテス的対話篇のいたるところで愛用されているものであり，つぎのものがその典型である．

"正義とはなんだろうか"とソクラテスはいった．"他人からあずかったものを返すことかね．そして正義のこうした定義には決して例外は見出せないのかね．仮に私が一人の正気の親友から武器をあずかったとして，彼が狂人になってそれを返却してくれと要求した場合，私は彼に返却すべきだろうか．誰も私がそうすべきだとはいわないだろう"．

"まったくだね"とケパロスは答えた．

"だとすると，あずかったものを返すということが正義の正確な定義とはいえないわけだね"とソクラテスはいった．（プラトン『国制』第1巻）

この推論は明らかに，$(p \to F) \to \bar{p}$ という定理つまり帰謬法に従っておこなわれている．すなわち，"正義とは他人からあずかったものを彼に返すことである"という命題をかかげる．するとこの命題は，"正義とは正気の友人からあずかった武器をそののち狂人になってしまった友人に返すことである"という命題を含

意する．しかし後の命題は，社会的通念に反する．そしてそのことを相手のケパロスも承認する．それゆえ，後の命題は偽である．つまり p は F つまり偽を含意する．したがって命題論理学の定理により，最初の命題 p は否定される．

以上のような議論がプラトンの前期の対話篇で延々と続けられる．これは定義の吟味をおこなっているわけであって，ソクラテスは相手に確からしいと思える定義をまず述べさせ，その定義を検討していって，その定義が偽なる命題を含意することを示してみせて，最初の定義を不適格なものとして撤回させるのである．

ところでこうした論法は確かに，一つのテーゼの吟味には好適である．しかしこの論法の最終結果は必ず否定命題，つまり最初のテーゼの否定に終り，いつまでたっても積極的なテーゼは確立されない．しかもこの論法のもう一つの欠点は，最初のテーゼが偽なる命題を内含するといった場合の偽とは，単に通念に反するという意味での偽なのであって，対話者がそれが偽だということに同意しなければ効力がない．

しかしながら本当の意味での帰謬法は，前にユークリッドが使ったものであって，そこでは $(\bar{p} \rightarrow F) \rightarrow p$ というタイプの定理が使われているのであり，しかもそこでの F は，公理に反するがゆえに偽だという意味での F なのである．

プロタゴラス説論破のための論法

さてプラトンの対話篇に登場するソクラテスは，中期対話篇では，もう少しましな帰謬法を通して相手をへこます．そこでその例を一つ挙げよう．使用場所は『テアイテートス』であるが，例のだらだらしたやりとりなので，簡潔に要点を記述する．そのためにつぎのような記号化をおこなおう．

p　万人の考えが真だというプロタゴラス説は真だ．

q　プロタゴラスの説は偽だという人の考えは真だ．

$\bar{p}$　万人の考えが真だというプロタゴラスの説は偽だ．

さて，まず$p \to q$が成立する．なぜならプロタゴラスの説は偽だという人は"万人"の一人だからである．つぎに$q \to \bar{p}$が成立することは明らかである．そして以上二つの式が成立するなら$(p \to q)(q \to \bar{p}) \to (p \to \bar{p})$によって$p \to \bar{p}$が成立する．ところで，命題論理学の定理として$(p \to \bar{p}) \to \bar{p}$がある．それを使うと，$p \to \bar{p}$が既に成立しているのだから$\bar{p}$が成立することになる．つまりこれでプロタゴラス説が論破されたことになる．

『テアイテートス』の登場人物であるソクラテスは初めからプロタゴラスの説，つまり誰の考えも真であるという極端な相対主義の論駁を狙っていたのであって，それを，$(p \to \bar{p}) \to \bar{p}$という帰謬法を使ってみごとにやってのけたのである．しかもこの帰謬法は，pが$\bar{p}$を内含することを証明し，しかもその$\bar{p}$がpと真向から矛盾するという意味で，ソクラテスが初期に使った帰謬法はもちろん，ユークリッドが使った帰謬法よりも強力かつ効果的な論法であるといえる．

ところでそうしたすばらしい論法をプラトンはソクラテスに使わせるのであるが，これはプラトンやソクラテスが初めて発見したものとは必ずしもいえない．これはかなり後代の人物の証言になるが，セクストス・エンペイリコスは，この論法がデモクリトスによっても，プロタゴラスに向けて使用されていると述べているからである．そしてデモクリトスはソクラテスよりは10歳ほど若いけれども，プラトンよりは30歳余り年長だからである．

ゼノンの帰謬法

それではそもそも帰謬法という論法は誰が最初に発見したものだろうか．もちろん第一発見者はわからないが，少くともゼノン

による帰謬法の使用が，デモクリトスや，対話篇中のソクラテスよりも 30〜40 年古いことは確かである．それではゼノンの帰謬法とはどんなものだったのだろうか．まずその実例を挙げる．そしてそれはゼノンより遥か後代の人物であるシンプリキオスによって記録されたものであるが，一応信頼を置くことにしよう．ただし原文はそのまま直訳しても意味をなさぬので，適当な補綴をおこなうことにする．

(1) 直線上に点がたくさんある → それらの点は有限である．(それらの点は，それらがどれだけあろうと，ちょうどそれだけあるから．)

(2) 直線上に点がたくさんある → それらの点は無限である．(異なる 2 点の中間には必ずもう一つの点があり，こうしたことが無限に進行するから．)

(1) と (2) を括弧で囲まれた部分を省略して記号化すると，$p \to q$ と $p \to \bar{q}$ となる．そして，$(l \to m)(n \to o) \to (ln \to mo)$ という定理を使えば $p \to q$ と $p \to \bar{q}$ から $p \to q\bar{q}$ が出てくる．ところで $q\bar{q}$ は矛盾であり F であるから $p \to F$ が成立する．そしてこの $p \to F$ から $(p \to F) \to \bar{p}$ という帰謬法を使って $\bar{p}$ を証明することができる．そしてこの $\bar{p}$ はもちろん "直線上に点がたくさんある" という命題の否定なのである．

それではこうした帰謬法による証明はいったいどういう意図でおこなわれたのだろうか．それはエレア派に属するゼノンが，エレア派の創始者であり自らの師でもあるパルメニデスの哲学的主張，"一のみが存在し，多は存在しない" という奇怪な説を側面から擁護するためにおこなったものだといえる．そして実際シンプリキオスも "ゼノンは多が存在すると主張する人が矛盾に陥ることになるということを証明したのだ" と述べている．ところで

さっきの証明に登場した命題"直線上に点がたくさんある"は厳密を期するためにそうしたのであり，そこでの"直線"を"世界"とし，"点"を"個物"とすれば，さっきの命題は"世界に個物がたくさんある"となって，パルメニデスの論敵の主張となる．したがって"直線上に点がたくさんある"の否定の証明はそうした論敵の主張の論破のためだったのである．

ゼノンの論法として伝えられる以上の推論は，その形式から見れば確かに帰謬法にちがいない．しかし形式が整っているだけでは，そうした論法が有効だとはいえない．そしていまの場合実は内容の方に問題があるのである．ゼノンは一応は $q\bar{q}$ を出してみせた．しかし実はこれは矛盾をなしてはいないのである．というのも(2)の含意式は正しい．しかし(1)の含意式は正しくないのである．すなわち(1)の後件は二義的に解される．というのも，括弧で囲まれた文の中の"どれだけあろうと"の"どれだけ"は，必ずしも有限の数だけには限られず，無限個の場合も考えられるからである．とはいえ"ちょうどそれだけ"ということは"それより多くも少くもない"という意味であるが，しかしこれは決して"有限"を意味せず，むしろ"限定的"を意味するのである．それゆえ(1)の後件は"それらの点は限定的有限(definite finite)である"と"それらの点は限定的無限(definite infinite)である"という二義性をもつ．そして第1の意味でなら(2)の後件と矛盾するが，第2の意味でなら一向に矛盾しないのである．ゼノンはもちろん第1の意味の方だけだと考えたので，第2の意味には考えが及ばなかったのであるが，第2の意味も存在するのであり，それゆえゼノンの帰謬法は，残念ながら成り立たないといわねばならない．

このように形式的にはきちんとした帰謬法の体裁をとりながら，含意式の証明が不完全だったりまちがっていたりというケースは

いまのゼノンの場合に限らず数多く見られる．その例はプラトンの対話篇『パルメニデス』の中でむやみに多く見出せるのであって，それらはまともにつきあえば腹の立つようなしろものなのである．

プラトンの場合はさておき，ゼノンに関していえば，彼の生みだした多くの帰謬法のほとんどはその内容において不備なものであるが，無限の問題をとりこんでいるために，ゼノンの同時代人や，彼より100年余り後のアリストテレスはもちろん，千数百年後の現代人をも悩まし続けてきた．それゆえゼノンはよい意味でのトラブル・メーカーであったという点では認めることができるが，彼自身がなんらかの積極的な命題を証明したことは決してない．それというのも，彼は$(p \to F) \to \bar{p}$というタイプの帰謬法しか使わなかったからである．

このようにゼノンは帰謬法を派手に使用はしたが，十分有効に使いこなしたとは到底いうことができない．このことはアリストテレスがゼノンのことを"弁証法の父"と呼んでいることからも推察できる．というのも弁証法とはアリストテレスにとってはけなしことばだからである．そして帰謬法の使用に関しては，ゼノンをけなしただけのことはあって，アリストテレスの仕事はさすがに堂に入っている．すなわちアリストテレスは自らの三段論法の理論の中でそうした帰謬法をりっぱに使い切っているのである．そこでそれを実際に見ることにしよう．

アリストテレスの使った帰謬法

アリストテレスは『分析論前書』で，三段論法の第二格第四式 (Baroco)，つまり"すべてのNはMであり，あるOはMでなければ，あるOはNでない"を"不可能によって"つまり帰謬法によってつぎのように証明した．いまの三段論法を$pq \to r$とし

よう.そしてこの式の成立を証明するために,まず"ある O は N でない"つまり後件を仮りに否定したとしよう.つまり $\bar{r}$ を仮定したとしよう.ところで $\bar{r}$ は"すべての O は N である"となる.するとこの命題と,証明されるべき三段論法の大前提"すべての N は M である"とが"すべての O は M である"を含意するということは,それが第一格第一式 (Barbara) にほかならないから妥当である.ところが"すべての O は M である"という命題は,最初の三段論法の小前提"ある O は M でない"の否定命題である.つまり,仮定と矛盾する結論が出てきたことになる.いいかえれば"ありうべからざる命題,不可能な命題"が出てきたことになる.こうして結局,$\bar{r}$ が偽なる命題 F を含意することになり,帰謬法 $(\bar{r} \to F) \to r$ を使って r が導き出されるのである.

さて帰謬法といっても,$\bar{r} \to F$ の証明がその死命を制するわけで,ゼノンの場合でもわかるように,その証明がまずければ帰謬法は成り立たない.ところでいまのアリストテレスの場合,その点は非のうちどころがないといえよう.そこでもう一度その証明を追ってみよう.証明されるべきことは p と q の条件のもとで $\bar{r} \to F$ が成立するということだった.そのために $\bar{r}$ と p の連言をつくる.すると $\bar{r}p \to \bar{q}$ が成立する.なぜなら $\bar{r}p \to \bar{q}$ はその内容において第一格第一式であり,これは三段論法における公理だからである.ところでこの $\bar{r}p \to \bar{q}$ において,p は仮定により真である.また q も仮定により真である.それゆえいまの式は $\bar{r}T \to F$ となる.$\bar{q}$ が F となるのはもちろん q が T だからである.そしてこの式から $\bar{r} \to F$ がただちに出てくるのである.

第二格第四式の証明は実はもっと簡単におこなえる.というのも $(\bar{r}p \to \bar{q}) \to (pq \to r)$ は命題論理学の定理であり,この式の前件は第一格第一式であり,これを公理とすれば,当然後件である $pq \to$

r つまり第二格第四式は導き出されるのである．しかしアリストテレスはこうしたやさしい方法を使わずに，むしろ前述のような帰謬法を使ったのであるが，もちろんそうした帰謬法による証明でも有効なのである．こうしてアリストテレスは $(\bar{p} \to F) \to p$ といったタイプの帰謬法を使うことによって，積極的に一つの命題を証明してみせたのであり，さらに $\bar{p} \to F$ の証明において，公理のみを使い，経験的レベルの命題つまり通念的な命題を一切利用しなかったのであり，以上2点において，彼の帰謬法の利用は模範的といえる．そして実はそうした帰謬法の使用こそは，最初に述べたユークリッドによる使用とまったく同じだということができるのである．

レウキッポスの使った論法

さて帰謬法の利用を長々と述べたが，帰謬法だけが命題論理学ではない．そこで帰謬法以外の定理の使用例を見ていこう．割合古いものとして，原子論の元祖といわれるレウキッポスの場合を見よう．彼の書物は残っていないので，アリストテレスの紹介にもとづいて述べよう．アリストテレスはその著『生成と消滅』においてレウキッポスの説を述べているが，そのエッセンスはこうである．

(1) 虚空間が存在しなければ運動はありえない．（運動は虚空間においてのみ可能だから．）

(2) しかし運動は存在する．（感覚によれば運動という現象は実際に存在するから．）

(3) ゆえに虚空間は存在する．

以上の推論は $\{(\bar{p} \to \bar{q})q\} \to p$ にもとづいておこなわれる．ただし，(1)は括弧にくくられた条件のもとでのみ真である．というのも，渦動運動であれば虚空間がなくても運動は存在するのであり，

それゆえ(1)は真でなくなるからである．また(2)の真であることは，感覚主義者にとってのみそうであり，感覚を一切信じないエレア派のような連中には真とはいえない．とはいえ $\{(\bar{p}\to\bar{q})q\}\to p$ という式自体は正しいものであり，いまのような諸条件のもとでなら，(3)はりっぱに保証されるのである．そしてそれがレウキッポスとデモクリトスの立場であり，アリストテレスは彼らと立場を異にしながらも，彼らの議論が首尾一貫した組織的なものだといって賞讃を惜しんではいない．

メリッソスの論法のあやまり

アリストテレスはこのように原子論者を高く評価する．しかしエレア派に対する評価はきわめて低い．すなわちパルメニデスに対しては，たしかに彼の"一のみが存在する"という命題からの帰結，例えば"火と水は一つである"は論理的には当然であるけれども，事実の上では狂気の沙汰だという．

アリストテレスはエレア派の末流であるメリッソスの議論を赤子の手をねじるようにやっつける．そして事もあろうに，彼の論理的誤謬論である『ソピスト的論駁』において，典型的な誤謬の例として利用する．ところでメリッソスの議論とはつぎのとおりである．

(1) もしそれが生成したものであれば，それは始まりをもつ．

(2) 宇宙は生成したものではない．（エレア派の信条により，無からはなにものも生成することはないから．）

(3) ゆえに宇宙は始まりをもたない．（つまり宇宙は永遠である．）

いまの推論は $\{(p\to q)\bar{p}\}\to\bar{q}$ という式に従っておこなわれている．しかしそうした式は正しくない．実際，いまの推論は"前件否定の誤謬"を犯しているのである．しかし少し観点を変えて，

もしメリッソスが $\{(q \to p)\bar{p}\} \to \bar{q}$ という後件否定式つまり正しい式を使って推論をおこなっているとみるならば，(1)つまり $p \to q$ を勝手に $q \to p$ に変えてしまっているとみなければならない．しかし $(p \to q) \to (q \to p)$ は必ずしも成立しない．つまり逆は必ずしも成立しないのである．また $\{(\bar{p} \to \bar{q})\bar{p}\} \to \bar{q}$ という正しい式を使って推論をおこなったとみるならば，(1)つまり $p \to q$ を勝手に $\bar{p} \to \bar{q}$ に変えてしまったとみなければならない．しかし $(p \to q) \to (\bar{p} \to \bar{q})$ は必ずしも成立しないのである．

こうして結局アリストテレスでは，一方では，逆は必ずしも成立せず，また裏も必ずしも成立しないということが戒められているのであり，他方では，推論には"前件否定の誤謬"なるものが存在することが警告されているのである．

ところでアリストテレスは一般に $p \to q$ つまり前件と後件の含意関係を随伴関係と呼ぶ．そして後に中世の論理学者はそれをコンセクエンチアつまり推断と呼んだ．そしてアリストテレスは『ソピスト的論駁』においてこの $p \to q$ という関係を使って，誤謬には $(p \to q) \to (q \to p)$ と，$(p \to q) \to (\bar{p} \to \bar{q})$ の2種類があると明言している．そして彼は，$(p \to q) \to (\bar{q} \to \bar{p})$ つまり対偶の法則のみが真なる式だと付言するのである．ここから見れば，アリストテレスにおいては，命題論理学の一部分がはっきり登場していると見ることができるであろう．そして中世の論理学者たちは，アリストテレスのこの箇所を承けて，彼らの推断論つまり中世的命題論理学を，アリストテレスのものとは較べものにならぬくらい豊かに構築するのである．

アリストテレスによるゼノンの批判

アリストテレスは，ゼノンに対してももちろん厳しいのであって，自分より100年も前の人物であるゼノンに対して激しい論難

を加える．しかしゼノンの議論はメリッソスのとは違って大そう手強い．ゼノンの議論は前に述べた例でもわかるように，あまりわかりよいものとはいえず，ときにはまちがいも犯しているので，単なる詭弁家にすぎぬという印象を与えるが，しかしつぎのような例は，注目に価するものといえる．

(1) どんなものも自己自身と等しい場所を占めているときには，それは静止している．

(2) 運動するものは"今"という瞬間において自己自身と等しい場所を占めている．

(3) ゆえに運動するものは静止している．（例えば飛んでいる矢も静止している．）

ゼノンのこの推論は$\{(p \to q)p\} \to q$という正しい式に従っておこなわれているので，形式的には難点は存しない．ところで結論(3)は常識に反しているように見える．そこでアリストテレスはこのゼノンのパラドクシカルな推論の誤りを摘発するために，前提の内容に目をつける．ところで(1)は内容的にいって正しい．そこでアリストテレスは(2)，しかもこの(2)の中の"今という瞬間において"という句に注目する．そして(1), (2), (3)からなる推論は，"時間は今という瞬間からなっている"という仮定を暗黙のうちに前提として含んでいるが，そうした前提は認められないから，ゼノンのいまの推論は成立しないというのである．アリストテレスにそういわれてみれば確かにうなずくことができる．というのもこのパラドックスはどの瞬間にも静止しているから，ある一定時間を通じてもずっと静止しているというふうに解さなければ，パラドックスとは感じられないからであるが，そういうふうに解することは結局アリストテレスのいうように"時間が今という瞬間からなっている"ということを仮定していることになる

のである．それゆえゼノンのパラドックスはつぎのとおりとなるであろう．

(1) どんなものも自己自身と等しい場所を占めているときには，それは静止している．

(2) 運動するものは今という瞬間において自己自身と等しい場所を占めている．

(3) 一定の時間は無限個の今という瞬間からなる．

(4) ゆえに，運動するものは一定の時間静止を続けている．

アリストテレスは以上の推論において(3)の妥当性を拒否することによってゼノンの推論は成立しないと主張したのである．アリストテレスはこのように(3)の妥当性を否認しただけでなく，もっと積極的に"時間は不可分的な今(つまり瞬間)からなることはできない．そして一般にどんな量も不可分割的なものからなることはできない"と主張する．したがって当然，線あるいは距離というものも点から，しかもその点がたとえ無限個あったとしても，構成されることができないことになる．というのも，点すなわちゼロをいくら足しても線つまり一定量には決してならないからである．それゆえアリストテレスの立場は現代風のことばを使えば，線は無限小あるいは線素からなるものであり，この無限小なるものは，無限に分割された結果つくりだされたものであるが，しかもなおかつ無限に分割可能であり，それ自体けっして単なる点でもなく，単なるゼロでもないものなのである．

"線は点からではなく線素からなる"

こうしてゼノンの提出した議論は，アリストテレスをして重大な宣言をおこなわせることになった．つまりそれはアリストテレスをして，"線は点からなる"というテーゼを否認させ，"線は点からではなく線素からなる"という立場をとらせたのである．

線といった無限集合的存在,連続量といったものに対しては,実をいえば二つの取扱いが可能である.一つは確かにアリストテレスが確立し,その後も長く使用された"線を点の観点からでなく,線素の観点から考察する"という立場である.この立場はヨーロッパの正統として2000年以上も保持されてきた.そして無限小を扱う数学である微積分学も,もちろんその線上にある.しかしながらアリストテレスの否認した"線を点の観点から見る"という立場も,別にまちがっているわけではない.そうした立場は,長い眠りから覚めて,19世紀から20世紀になって開花するのであって,それがボルツァーノ,ワイヤシュトラス,デデキント,カントールたちの仕事なのである.

ギリシア以来の4種の体系

以上で古代ギリシアにおけるさまざまの知識体系,学問体系がほぼ出そろったので,改めて,それらの体系間の関係を図式化してみよう.

A　エレア派:ただ1個の不可分割的存在(モナスつまり単一体,1という整数)を認める.(p)

B　ピュタゴラス派:(p)とそのうえ,多数の不可分割的存在(モナスの各種の集合体,つまり2以上の整数)を認める.(pq)

C　アリストテレスとその学派:(pq)とそのうえ,無限可分割的存在(連続体,整数1より小さな数)を認める(pqr).しかも,この無限可分割的存在を線素の観点から考察する.($pqrs$)

D　(カントールたちの集合論的立場の数学者):(pqr).しかもこの無限可分割的存在を点の観点から考察する.($pqrt$)

以上A,B,C,Dの立場は,$p, pq, pqrs, pqrt$といった命題によって説明される.このAからDまでの分類は,数学理論に焦点を合わせた分類であるといってよい.ところで数学理論としてはA

は問題にならないとして，B〜Dは有意義な体系，有意義な公理系を構成する．まずBについていえば，数学をすべて整数で処理しようとする立場であって，ピュタゴラス派がそうであるし，さらにその立場だと分数や小数が使えないので，整数の比でもってそれに代えるというギリシアに特有の比例論もそれに含まれる．そしてこの立場はユークリッドの『幾何学原論』の中の第5〜9巻までの比例論および数論と呼ばれる部分に公理論的な形でみごとに収録されている．

さて一応数学的には無意味だとしたAの立場は，しかしながらBの立場を生み出した前段階としての意義は認めてやらねばならない．というのも，Bの立場は，数を不可分割的存在である単位の集合とするのであるが，そうした単位そのものの存在つまり一者の存在を非常識のそしりも恐れずに叫んだのはエレア派の祖パルメニデスだったからである．ところでゼノンはBの立場，つまり多の存在を主張する立場を帰謬法によって攻撃したが，多の存在を否定しただけでは1の存在を主張したことにはならない．そこから出てくるのは"世界には1のみが存在するかあるいはなにものも存在しない"という命題にすぎない．実際，多の存在を主張するところのBの立場も，1の存在を否定しているわけではない．つまりAの立場である p とBの立場である pq はいっこうに矛盾していないのである．

ユークリッド幾何学の総合性

つぎにCの立場，つまり無限可分割を認める立場であるが，もしユークリッド幾何学がその名に恥じない幾何学であり，幾何学は線や面を扱うのだとすれば，不可分割的存在しか認めないという主張，たとえば4を2と2に分割し，2を1と1に分割できるが，1はもはやそれ以上分割できないなどとはいっておれなくな

る．それどころか，1はなお無限に分割可能だということを認めざるをえない．しかもギリシアではさらにすべての数を整数比で表現できないこと，つまり例えば $\sqrt{2}$ といった無理数は絶対に整数比では表現できないことも，発見された．それゆえここから見ても，不可分割的存在しか認めないという主張は維持できなくなる．とはいえ，分割を認める立場であるCとDは決してBの立場と矛盾しない．むしろCとDの立場はBの立場を含みこみ，Bの立場をより豊かにしたということができる．そして実際，ユークリッドは『幾何学原論』の第10巻を無理数論に捧げたのであるが，もちろんこの第10巻が，比例論の立場で書かれた第5～9巻と矛盾することはないのである．

ところでユークリッド幾何学は幾何学である限り，線や面や体だけでなしに，点というものをも扱う．実際『幾何学原論』の冒頭には"点とは部分をもたないものである"といった点の定義が置かれている．そしてもちろんここで"部分をもたない"というのは，長さゼロ，つまり延長をもたないという意味である．とはいえ延長をもたない点から延長をもった線がどうしてつくられるかということは難問である．ユークリッドはそうした点と線との関係を論じることは回避する．つまり線といった連続体，延長体を点の観点から考察するといった態度はとらない．そしてそうした態度をとるのが近世の集合論的な数学者である．とはいえ，Bの態度とDの態度は一見矛盾しているようであるが，実は決して矛盾していない．十分に両立可能である．しかしDの体系化はユークリッドよりのちに成立したものであり，ユークリッドの体系のあずかり知らぬことである．こうしてユークリッド幾何学は，一応BとCの立場の数学を矛盾なしに彼のみごとな公理体系の中に含み込んだのである．

問題提起者としてのゼノン

このようにBとCの立場はユークリッドにとりこまれたのであるが，Aの立場に立つといわれたゼノンはいったいどういう役割を占めたのであろうか．ゼノンは彼の師であるパルメニデスの立場に立つとしても，そうした立場は数学理論としては余りにもトリヴィアルで話にならない．それゆえゼノンの本領は，否定的帰謬法を使ってもっぱら相手のテーゼを破壊することにあったといわねばならない．実際，彼は"多が存在する"という立場に嚙みついた．ところで多という場合，まずBの立場における多が考えられる．しかし多はそれだけでなく，Cの立場での多も考えられる．つまり多くの不可分割的存在の集合体としての多も考えられるし，無限分割によってつくられた無限に多くの無限小の集まりとしての多も考えられるのである．こうしてゼノンはBともCとも関わりをもつ．ところで多といえばさらに，線は無数の点からなるという立場に見られる点の無限大的多数という意味にも解しうる．そして実際ゼノンはこうした第3の意味での多をも攻撃することによってDの立場とも関わりをもった．

このようにゼノンは自分の学派以外の三つの立場のすべてに攻撃をかけたが，それは否定的帰謬法を使ったのであり，単に相手にゆさぶりをかけただけであって，自己の積極的立場を打ち出したわけではなかった．しかしながら，そのゆさぶりはなんの有効性も生まなかったのではなく，それどころか，"線は無数の点からなる"というテーゼに対するゼノンのゆさぶりは，一方においてはアリストテレスの立場Cを生み，さらに二千数百年を隔ててカントールの立場Dを生み出したのである．こう考えてくると，ゼノン自身はなにものをも生まなかったにしろ，他に与えた影響は絶大だったのであり，ゼノンの帰謬法的論駁の効果はその点に

尽きるといえる．そしてこれは，ユークリッドが，自らの体系の定理の証明に使った肯定的帰謬法と大いに違う点だといえよう．

ギリシアの自然学の3種の体系

さて138ページの表は，数学的立場の分類表であった．しかしそうした分類表とほぼ対応するような自然学上の，あるいは存在論上の表もつくれる．

A′　エレア派：ただ1個の存在（個体）を認める．（p'）

B′　多元論者，原子論者：（p'）とそのうえ，多数の存在（個体）を認める．（$p'q'$）

C′　アリストテレスとその学派及びストア派：（$p'q'$）とそのうえ，無限可分割的な連続体を認める．（$p'q'r'$）

パルメニデスの主張する"一者"なるものは，一方では超感覚的存在と解釈することもできるが，他方では感覚的存在と解釈できる面ももっている．したがってパルメニデスによる"一者"の存在の主張はAともA′とも解せる．しかしB′となれば，アナクサゴラスの多元論やレウキッポス，デモクリトスの原子論は明らかに自然学的あるいは物理学的存在である．またC′は，アリストテレスの場合，多くの個物の存在を認めるし，四元素の存在も認めるし，さらに空間や時間といった物理学的な連続体も認める．そして後者つまりr'に対してはrが対応するのであり，したがって無限可分割の数学が空間や時間という物理学的存在に適用される．またストア派は連続体としてプネウマと呼ばれる流体を認める．そしてさまざまの個体の個性は，こうした流体の定常波という形で説明されるのである．

このようにアリストテレスやストア派の自然学は連続体を認める．そして数学の場合のように$pqrs$と$pqrt$の区別をおこなうとすれば，彼らは$p'q'r's'$の方を選ぶといえるだろう．とはいえ，

ギリシアの自然学は数学に較べてその水準は遥かに低い．そしてユークリッドに見られるような公理化的な作業はおこなわれていない．しかしユークリッドより後になれば事情は変ってくる．すなわちユークリッドより50年ばかり後に活躍したアルキメデスは数学において同じ公理論的方法でユークリッドの数学を大幅に発展させただけではなく，物理学に対しても公理論的方法を適用することに着手した．そこでその例を挙げよう．物理学の分野はいまの場合静力学である．そしてそこで使われる論法は公理論的方法の場合のご多分に洩れず，肯定的帰謬法である．

アルキメデスの公理論的静力学

さて彼の静力学の第一定理はこうである．

(1) 二つの重量が支点から等距離で釣り合っていれば，この二つの重量は互いに等しい．($p \to q$)

そしてその証明はつぎのとおり．まず($p \to q$)の否定を仮定する．ところで$\overline{(p \to q)}$は$\bar{p} \vee q$つまり$p\bar{q}$である．それゆえ$p\bar{q}$を真だと仮定する．ついで以下の含意式を証明しよう．

(2) 二つの重量が支点から等距離で釣り合っており，しかもこの二つの重量が互いに等しくないならば，二つの重量が支点から等距離で釣り合ったままの状態で，それらのうちの大きい方からそれら二つの重量の差だけを軽減しうる．($p\bar{q} \to pr$)

まず$\bar{q} \to r$の部分はつぎのようにして証明できる．$(w_1 > w_2) \to (w_1 = w_2 + \Delta w)$．そして$(w_1 = w_2 + \Delta w) \to (w_1 - \Delta w = w_2)$．ゆえに$(w_1 > w_2) \to (w_1 - \Delta w = w_2)$．$w_1, w_2$は二つの量，$\Delta w$はその差である．そして最初の2式は算術の規則によって成立する．つぎに$p \to p$は同一律だから真であり，これとさっきの$\bar{q} \to r$とから，$(l \to m)(n \to o) \to (ln \to mo)$を使って(2)が証明できる．さてつぎの式は静力学の公理であるから真である．

(3) 二つの重量が互いに釣り合っている状態においてこれら二つのうちの一方を軽減すれば，それらは釣り合わなくなって，軽減されなかった重量の方へ傾く．($pr\to\bar{p}$)

(2)と(3)とから"$p\bar{q}\to\bar{p}$"が真となる．ところで$p\bar{q}$は最初の仮定により真であった．それゆえpも真である．それゆえ$\bar{p}$は偽となる．それゆえ$p\bar{q}\to\bar{p}$は$p\bar{q}\to F$となる．これから帰謬法の定理$(p\bar{q}\to F)\to\overline{p\bar{q}}$を使って$\overline{p\bar{q}}$が証明できた．つまり$\bar{p}\vee q$すなわち$p\to q$が証明できた．そしてこの$p\to q$が証明すべき定理だったのである．

以上のような証明は公理と算術の規則と命題論理学の定理だけを使った完璧な推論でおこなわれている．ただしここでも命題論理学の規則はあからさまな形で使われているわけではない．このようにアルキメデスは静力学という物理学の一部門を7個の公理と，それから導出された15個の定理という小ぢんまりした公理体系に組み上げたのである．物理学におけるこうした公理的手法は，長い中断の後に，近世になってやっと復活する．そしていろいろの試みの後ようやく17世紀になって物理学におけるもっとも雄大で正確な体系である『プリンキピア』つまり『自然哲学の数学的原理』がニュートンの手によってつくりあげられるのである．そしてニュートンの著の標題に出てくる Principia つまり原理という語はユークリッドの著 Stoicheia, Elementa とまったく同義であって，それらは公理を意味し，さらには公理体系を意味するのである．

古代における討論の術と証明の術との関係

さて論理学というものは証明のために，そしてさらには公理系の構築のために使われることによって最大の威力を発揮するということが以上で理解できたことと思う．しかし論理学は初めから

公理系のための道具としてつくりだされたのではなく,最初はむしろ討論の術として,討論のテクニックとして使われたのである. それでは古代ギリシアにおける討論とはどんなものだったのか. その骨組はアリストテレスの『トピカ』第8巻に出ているので, それを紹介しよう. まず討論は問い手と答え手の両者に分かれる. ここで答え手とは,答え手の提出した立論つまりテーゼを守るひと,擁護し弁護する人である. これに対し問い手とは答え手のテーゼを攻撃する人である. それゆえ討論は見かけは対話であり, 問答であるが,その内容は明らかに闘争であり,それゆえ討論とは論争にほかならない.

このようにして問い手の仕事は,アリストテレスもいうように,問い手の誘導によって相手をして,相手のテーゼから常識に反するパラドクシカルな命題が引き出されるということを認めさせることである. これに対し,答え手の仕事,いやむしろ答え手の義務は,いったん立てた自分のテーゼをあくまでも守り通し,途中で旗色が悪くなってきても,いいかげんのところで前言を撤回せず,破局にいたるまで最初のテーゼを持ち続けることである.

攻め手と守り手の以上のような義務から見て,そこで使用される論理学的手段は相手のテーゼを否定する結果に終る破壊的論法だということはすぐにわかる. そしてこうした破壊的論法にはいくつかあるので,それらを挙げてみることにしよう.

さまざまの破壊的論法

(1) 破壊的論法のトップはなんといっても帰謬法である. しかし帰謬法といっても,$(p \to F) \to \bar{p}$ のタイプの否定的帰謬法,破壊的帰謬法の方である. この例は,前に,正義の定義の吟味をおこなうためにソクラテスが使ったものを挙げておいた. そしてそうした例がソクラテス的対話の核心をなす吟味の方法,批判の方

法である.そしてそれらは見かけは問答の形をとっているが,実際は相手のテーゼに対する厳しい攻撃と,最終的には相手をして全面降伏に追いやるものなのである.この方法はたしかにいいかげんな言説を批判するには有効であるが,その争論的性格のため,相手にうらみを抱かせるようなものであり,ソクラテスの場合も現にそうした結果に終ったのである.そしてこの方法ではいつまでたっても積極的なテーゼは生まれず,そうしたことから招くフラストレーションの末,独断的あるいは神秘的な形而上学的テーゼと体系をもちだすということになりやすいのであり,プラトンおよびプラトン学派さらには新プラトン派もそうしたそしりを免れないのである.

ソクラテスとは別にそのはるか以前からゼノンもまた破壊的帰謬法を使っていた.ゼノンの帰謬法はソクラテスなど及びもつかぬ鋭利なものであって,長い間多くのすぐれた知能を悩まし続けた.そしてその結果すぐれた公理体系を生みださせたが,それはゼノンの帰謬法の直接的結果ではなく,彼に刺激されて生みだされただけのことであるというべきであろう.

(2) 破壊式.これは modus tollens と呼ばれるものであり,その式は $\{(p \to q)\bar{q}\} \to \bar{p}$ で代表される.そしてその例も前に示した.すなわちアリストテレスの『トピカ』に出てくる"相反する二つの付帯性の述語づけに関するトポス"からの推論がそうである.ところでいま重要なのは,そこでアリストテレスが加えたつぎのようなことばである.

"ある命題(p)をくつがえそうとする場合は,このトポス($p \to q$)を用いるがよい.しかしある命題(p)を立てようとするひとはこのトポスは有益ではない".

ここで"くつがえす"は destruction であり,"立てる"は construction である．そしてアリストテレスは $p \to q$ というトポスを，いつもこのように"破壊"と"構成"という二つの目的意識のもとで考察するのである．

アリストテレスのこの伝統はその後も長く伝わり，$\{(p \to q)p\} \to q$ は modus ponens つまり構成式または肯定式と呼ばれ，$\{(p \to q)\bar{q}\} \to \bar{p}$ は modus tollens つまり破壊式または否定式と呼ばれる．そして討論ではもちろん答え手を論破するために破壊式が使われるのである．

破壊式といえば，ほかにも modus ponendo tollens というものがある．これは，"p あるいは q．しかるに p．ゆえに $\bar{q}$"という推論である．ただしここで"あるいは"は排他的選言でなければならない．これは肯定否定式ともいうべきもので，前提 p の肯定から $\bar{q}$ を導き出すものである．

さて modus tollens は，特に中世の自然学においてきわめて有意義に使用されたので，その使用例をつぎに紹介しよう．この例は，13世紀の自然学者ロバート・グロステートの『太陽熱について』にもとづく．

グロステートは太陽熱の原因は3通りしか考えられないこと，つまり太陽自体が熱をつくりだすこと，太陽が本来もっている熱が地上にまで伝導されること，光線が濃化されることの3通りしか考えられないとした．そして彼自身は第3番目がほんとうの原因だと考え，最初の二つを破壊式によって否定した．そしてその証明はつぎのとおりである．

(a) 運動体が熱を生じたとすれば，その運動体の各部分を違った方向に動かしている違った諸傾向が存在するはずである．

(b) しかし円運動をおこなっている太陽の各部分を違った方向に動かしている違った諸傾向は存在しない．

(c) ゆえに太陽は熱を生じない.

いま扱ったのは熱の発生の内部的理由だった. しかし外部的理由も考える必要がある. そしてそれはつぎのとおりである.

(d) 媒体の抵抗が熱の外部的原因であるならば, 不自然な運動によっても自然的運動によっても同量の熱が生じるべきである.

(e) しかし実際は観察によってもわかるように同量ではない(不自然な運動の方がより多量の熱を生じる).

(f) ゆえに媒体の抵抗が熱の外部的原因なのではない.

(a)～(c)と(d)～(f)によって太陽自体が熱を生じるのでないことが証明された. つぎにたとえ太陽自体が熱かったとしてもその熱が伝導によって地上までは到達しないことが証明される.

(g) 地上の太陽熱が太陽自体のもつ熱が伝わって生じたものとすれば, 太陽と地上の空気との間にある物質がまず熱せられて変質をおこすであろう.

(h) しかし太陽と地上の空気の間にある第五元素は不変なる物質であって変質をおこさない.

(i) ゆえに地上の太陽熱は太陽自体のもつ熱が伝わって生じたものではない.

(g)～(i)で第2の可能性も排除された.

以上の3個の推論は否定式あるいは破壊式に従っているから形式としては妥当である. しかし内容の面からいえば, 現代の物理学に照らしてみると大いに異議がある. とはいえ, グロステートは古代ギリシアのアリストテレスの自然学の通念に従って議論しているから, それは当然であろう. さて(a)～(f)についていえばこれは天動説に従って推論されているから不当である. また, (h)における第五元素といったものは実際には存在しない. それゆえ内容的に見て以上3個の推論による証明はどれも成立しない.

第1章 古代論理学の性格

とはいえ,以上3個の証明は,物理学的テーゼに対して falsification つまり"反証"あるいは"虚偽であることの証明"をおこなおうとしたものである.そしてこの"虚偽であることの立証"という方法は,自然学上の誤った理論を排除するのには恰好の武器なのであって,現代においても,あらゆる科学理論はいつもそうした falsification の危険の前にさらされているのである.そして極端にいうならば,虚偽の立証を許す体質をもつということ,つまり falsifiable であるということこそが科学理論の性格なのであって,この点で falsification を受け容れる理論は,それを原理的に受け容れないような宗教的あるいは形而上学的な理論とは基本的に異なるといえるのである.

(3) 破壊的ディレンマと呼ばれるもの.つまり $(p \to r)(p \to s)(\bar{r} \vee \bar{s}) \to \bar{p}$ および $(p \to r)(q \to s)(\bar{r} \vee \bar{s}) \to \bar{p} \vee \bar{q}$. 前者は後者のスペシャル・ケースである.後の方の式は実は $(p \to r)(q \to s)(\bar{r} \vee \bar{s}) \to \overline{(pq \to rs)}\overline{rs}$ と $\overline{(pq \to rs)}\overline{rs} \to \bar{p} \vee \bar{q}$ との連言からつくられたものであり,$\overline{(pq \to rs)}\overline{rs} \to \bar{p} \vee \bar{q}$ は(2)の modus tollens にほかならない.それゆえ破壊的ディレンマは破壊式の一種だといえる.ディレンマは,"二つの前提"という意味であり,$(p \to r)$ と $(q \to s)$ の二つを指すが,そうした前提は二つでなければならない必然性はなく,三つ以上でもよい.そしてそれらは順に trilemma, tetralemma そしてさらには polylemma といわれる.ただし,そうした dilemma, trilemma 等々は破壊的にも構成的にも使用されることはもちろんである.ところで dilemma がしかけられたとき,それをかわす方法が古くから論じられてきた.それは $(p \to r)(q \to s)(\bar{r} \vee \bar{s}) \to \bar{p} \vee \bar{q}$ において,$\bar{r} \vee \bar{s}$ が牛の2本の角のように見えるので,それを"角"と呼び,この角にひっかけられないようにする方法である.それにはつぎの二つがある.(一)$\bar{r} \vee \bar{s}$ が真でないこと

を証明する．これには第3，第4の選言肢があることを示せばよい．つまり$\bar{r}$と$\bar{s}$の間には大きいすき間があることが示せたので，"角の間をすり抜ける"といわれる．（二）$(p\to r)$, $(q\to s)$の双方あるいは一方が真でないことを証明する．これは，すり抜けるというのではなく，敢然と立ち向かって牛を屈服させるのだから，"角をつかんでとり押さえる"といわれる．

(4) 三段論法の破壊的使用．三段論法はもっぱら証明のために使われると考えられがちであるが，これは相手方のテーゼのまちがいであることの証明に，つまり論駁のために使われることもある．そして実際，アリストテレスは三段論法には構成的あるいは肯定的三段論法と破壊的あるいは否定的三段論法があると述べている．たとえば，全称肯定命題は三段論法によってもっとも証明しにくい．なぜなら"すべてのSはPである"という命題を，構成的あるいは肯定的に証明するような三段論法は第一格第一式ただ一つである．ところが"すべてのSはPである"を破壊的あるいは否定的に証明するような三段論法，つまり"あるSはPでない"という特称否定命題を証明する三段論法は6種類もあるというわけである．ここから見て，アリストテレスの三段論法もまた，相手の立言を打ち破る論争的目的に使用されたということは明らかである．

以上討論における破壊的論法のおもなものを4種類挙げた．しかしこの破壊的論法と，いわゆる詭弁論法つまりソフィストの術とははっきり区別しなければならない．ソフィスト的論法とは争論的推論ともいわれ，これはアリストテレスによって見かけだけの推論と定義されたものである．それゆえそれは推論ではなく，したがって論理学の内容とはならない．確かに論理学はいわゆる誤謬推論としてそうしたえせ推論を扱うが，それは反面教師として扱

うだけにすぎない．それゆえいま述べた破壊的論法は，手段を選ばず相手をやっつけさえすればいいという争論的推論や誤謬推論とはちがって，正面切って相手を堂々と攻撃する論法であり，論理的にはきわめて妥当なテクニックといえるのである．

自然学に対する公理論の適用

正当な破壊的論法のいくつかを述べてきたが，それを使って批判や破壊をしているだけでは学問はつくれない．そのためには自らのテーゼの正しいことを証明しなければならない．それも一つや二つのテーゼでなく，多くのテーゼを，つまり多くの定理を少数の公理から証明しなければならない．そしてそれの数学での最もよい例がユークリッドの『幾何学原論』であった．しかし自然学あるいは物理学についてはどうであろうか．物理学の歴史は数学の歴史にくらべてずっと遅れる．そして完全な公理化が成功するのはニュートンになってからである．しかしそれまでも絶えず公理化への努力は進められてきた．ところでさきにグロステートの自然学の理論をせっかく紹介したのだから，同じテキストを使って，物理学のテーゼの積極的証明のやり方を見ていくことにしよう．

さてグロステートは太陽熱の原因として三つを挙げ，その二つまでを，破壊的論法を使って否定し去った．それゆえ $\{(p \lor q \lor r) \bar{pq}\} \to r$ を使って第3の選言肢の真なることを証明することもできるが，$p \lor q \lor r$ が真なることの証明は困難である．したがってグロステートはむしろ r そのものの証明を試みる．そしてその方法は実は $\{(r \to s)s\} \to r$ を使うものである．

さて r という命題は，グロステートが妥当とする彼の熱学上の仮説であって，"光線の濃化が熱を生じる"というテーゼである．そして彼はこのテーゼをつぎのように説明する．太陽の光が空気

に当ると，その光が空気の諸部分に乗り移って空気の諸部分を活溌に動きまわらせる．そしてそうした運動は光が濃化されることによってそれだけ激しくなる．ところでグロステートは"物体の諸部分が無秩序的運動をおこなえばそのとき熱が生じる"という彼の熱理論における大原則をもっている．そしてこれは近代物理学における熱力学の前提である"熱は分子の無秩序的運動に基づく"によく似ている．しかしそれはとにかくとして，グロステート自身の原則を使うと，光線の濃化は空気の諸部分を活溌に動きまわらせ，他方こうした無秩序的運動が熱を生み出すのだから，結局"光線の濃化が熱を生じる"という最初のテーゼがつくられるというわけである．しかもこのテーゼは実は"光線の濃化が大きければ大きいほど，より多くの熱を生じる"という意味を含んでいるのである．

仮説からの演繹

さてグロステートのいまのテーゼを r としよう．すると r は命題 s_1 つまり"凹面鏡による集光はものを燃やすくらいの熱を生じる"を含意することは明らかである．また s_2 つまり"凸レンズによる集光はものを燃やすくらいの熱を生じる"を含意することも明らかである．ここでいう凸レンズとは，近代になって使われだした上等のものではなく，フラスコに水を入れたものである．しかしこれでももちろん集光は可能である．そしてさらにグロステートは命題 r が s_3 をも含意すると主張しそれをつぎのような仕方で証明する．彼は日光が地表に当って反射しても，直角に当って反射した場合は入射光と反射光が重なるので，光の濃化がおこなわれ，それだけ空気の諸部分の運動を増大させ，したがって熱を発するという．そして赤道直下の地方が暑く，赤道から離れれば離れるほどその地方に暑さが減るのは，入射角が直角でなくなる

からであり，入射角の違いが光の濃化の違いを招き，それがさらに空気の諸部分の無秩序運動の大小の違いを招くというのである．

グロステートのこの証明にはいささかおかしいところがある．つまり入射光と反射光が重なると光の濃度が増すというのはまずい．しかし，凹面鏡と凸レンズの場合は文句のつけようがなかろう．そこでいちおう $r \to s$ が証明できたとしよう．ところで r は証明されるべきテーゼであった．しかも s 自体は日常の経験や観察に照らしあわせて，真である．しかしだからといって $\{(r \to s)s\} \to r$ を使って，r つまりテーゼを証明できるだろうか．グロステートはおそらくそのようにして証明したかったのであろうが，答えは明らかに否である．というのも $\{(r \to s)s\} \to r$ は真なる式ではなく，それを使えば後件肯定の誤謬を犯すことになるからである．

反証と確認

こうして一般的にいえば科学上の仮説は，反証は可能であるが，確認(confirmation)は不可能だということがわかった．つまり科学上の仮説は，その仮説から導き出された結論が否認されたときはただちに否認されるが，その仮説から導き出された帰結が経験と一致したとわかっても，それだけでは仮説の正当性を全面的に確認できないのである．しかもそうした確認例，つまりいまの場合，凹面鏡，凸レンズ，熱帯地の暑さをいくら積み上げてもだめなのである．

以上のことはなにもグロステートの場合だけに限らない．ニュートンの力学体系についても十分にあてはまることである．たとえばニュートンの重力に関する理論を見よう．この理論から引き出されたいろいろの命題は現実の経験や観察，実験ときわめてよく一致する．落下の法則がそうであるし，遊星の運動の法則もそうである．しかしこうした確認例がいくら積み重ねられても，ニ

ュートンの理論が絶対的に正しいという証拠にはならない．ということは，ニュートンの引力の理論はあくまで仮説の位置にとどまるのであって，それを証明することができないのである．いやそれどころか，ニュートンの引力の理論には否認例が見つかる可能性が十分ある．いや否認例が見つかっているということもできる．しかし否認例が見つかったとしても，ニュートンの理論が全面的に否定されたと断じて捨て去ってしまうにはあまりにも惜しいのであって，ニュートン力学はある範囲内では一応の近似性をもってなお存続させるべきだというべきであろう．

さてニュートン力学でさえいまのようだとすれば，グロステートが"光線の濃化こそが熱の原因だ"とする彼の命題を，いくつかの確認例を提出して擁護したとしても，批難すべき点は少しもない．ただ願わくは，そうした命題に対する否認例，しかも強力な否認例が出ることさえなく，しかも確認例が増加していきさえすればいいのである．それゆえグロステートの熱学はその実質的内容はとにかくとして，その方法論としては近代物理学のそれとなんら変るところがないというべきであり，この意味でグロステートの方法の進歩性はいくら賞讃してもしすぎではなかろう．

公理というものの性格

とはいえ熱学の体系はグロステートのもので十分だとはもちろんいえない．まず公理化が不完全である．彼の提出したテーゼ"光線の濃化が熱を生じる"は彼自身の説明からもわかるように単純なテーゼではなく，それ自体演繹可能な複合的命題である．そしてこのテーゼの成立の背後には"物体の諸部分が無秩序な運動をおこなえばそのとき熱が生じる"といった公理めいた命題が存在している．とはいえこうした公理は，さっきの定理が確認例で証明されなかったと同様に，証明することができない．という

のも物理学上の公理は公理とはいえ実は仮定にすぎないからである．しかしそうはいっても数学の公理の場合も事情は全く同じである．数学の公理は証明できない．もし証明できたとすれば，それは公理ではなく，定理であって，この定理はなんらかの公理から演繹されたものである．

ところでユークリッドの平行線公理は，多くの数学者や論理学者が2000年ものあいだその証明を試みたが成功しなかった．公理はそれ以上遡りうる基本命題がないから証明できないとはいうものの，帰謬法つまり $(\bar{p} \to F) \to p$ ならなんとかなりそうである．それゆえひとびとはそういう試みをおこなった．しかし誰ひとりとして $\bar{p} \to F$ の証明，つまり公理の否定が矛盾を内含するということの証明に成功しなかった．いやそれどころか，$\bar{p}$ と他の公理から矛盾を含まない定理が続々と出てきて，それだけで一つの公理系がつくれるということがわかった．そしてそれがほかならぬ非ユークリッド幾何学の発見なのであるが，もちろんこれは19世紀に入ってからの話である．

こうしてユークリッドの平行線公理は，確かに証明不可能の命題であるが，もちろんそれは偽であることの証明も不可能なのである．すなわち平行線公理はなんらの矛盾も含意せず，したがって反駁不能な命題なのである．そしてこうした性格こそが，簡単に矛盾を帰結することが証明されて，論駁されうるような他のもろもろの命題とは違う点である．しかしながら，繰り返すようであるが，平行線公理を始めとするすべての公理は，決して証明されることができないのであり，そうした意味ではあくまで仮説にすぎないといわねばならないのである．

グロステートの熱学の体系は公理化が不完全だとしても，それは論理学のテクニックで比較的簡単に整備することができる．し

かしグロステートの熱学体系の欠点はむしろ観察例の不足にある．そしてさらにいえば実験の欠如である．彼は自然学にとって必要なのは ratio と experimentum だと述べている．ところでこの ratio は理論，もっと正確にいえば論理学である．そして experimentum は実は実験ではなくて観察，しかもごく簡単な観察を意味しているにすぎないのである．実際，熱学あるいは熱力学というものは力学よりも難しいものであって，中世という時代に生きるグロステートに過大な要求を出しても無理というものである．グロステートはその態度において，当時の神学者やスコラ学者に較べれば抜群に観察を重んじる人ではあったが，しかもなおかつ不徹底であったといわざるをえないのである．

フランシス・ベーコンの帰納法

そこで観察または実験ということになれば，近世の初頭である17世紀に出現したフランシス・ベーコンの仕事に注意を向けざるをえないであろう．熱学に関してベーコンは長々と議論を続けている．そしてそれに彼の御自慢の帰納法なるものを適用している．しかしベーコンの帰納法は論理学とはいえない．ベーコンはアリストテレスの論理学，スコラの論理学を攻撃する．しかしながら彼が攻撃の的としたアリストテレスの論理学についての彼の知識はなきに等しい．ベーコンの論理学についての無知はあまりにも甚だしいから，一応彼のいっているところを論理学のことばでいいかえるとこうなる．

"光は熱だ"という定義をおこなったとする．この定義は確かに"日光は熱だ"という命題を含意する．ところが他方"月光は熱だ"という命題も含意する．しかし"日光は熱だ"は真であるが，月光は熱くない（とベーコンはいう）から"月光は熱だ"は偽である．だから帰謬法によって"光は熱だ"という定義は否定さ

第1章 古代論理学の性格

れるべきである.

　しかしいまの定式化はベーコンがやったわけではない. 彼はただ, 日光を熱の存在する例とし, 月光を熱の非存在の例とし, 光というものを熱の除外例, つまり光を熱の定義に対する不適格例だとするのである. こうしてベーコンは熱の存在例と不在例と除外例を長々と表にして掲げる. しかしそれは論理的にいえば, さきに述べたように帰謬法または破壊式によっていろいろの誤った例を否定していっているだけのことである. そしてこれはソクラテスが正義の定義を吟味したときにとった方法となんら変りはない.

　さて否定されるべき不適格な定義は無数なので, こうした排除をいくらつづけても始まらない. そこで, そうした誤った定義の排除でなしに, 正しい定義の肯定にとりかからねばならない. そしてそれの候補が分子の運動である. この分子の運動は確かに熱の存在表の中で見つけだせる. つまり"分子の運動は熱である"といえる. しかし問題は熱の不在表である. すなわち"光であってしかも熱くない"といった熱の不在の例として月の光があったように, "分子の運動であってしかも熱くない"といった熱の不在例が見つかるかどうかである. しかし不在表では, そうした例は見つからないとされている. それゆえ"分子の運動は熱である"という命題は, "光が熱である"という命題とはちがって論駁されえないものであって, 一応正しい命題とされる. そしてそれゆえ光が熱の本性に対する除外例であるのに反して, 分子の運動は熱の本性に対する適格例, 肯定例だというのである.

　"分子の運動が熱である"という命題を確認するためには確かに, 存在表の記述, つまり"分子の運動があれば熱がある"と, 程度表の記述, つまり"分子の運動がより多く存在すれば熱もまた

より多く存在する"が使用される．しかしそれだけでは不十分であって，不在表で，分子の運動があるのに熱がないという例は一つも見つからないということを確かめることがどうしても必要である．しかしながらこの確認は帰納法を使うとしても，有限的で枚挙可能の場合はいいが，無限個の例の場合は不可能だといわねばならない．

以上のことから見て，ベーコンのやった仕事は，ソクラテスがおこなったのと同じような手続きでまず熱の定義のうちで不適格なものをつぎつぎと帰謬法を使って消していくことだったといえる．しかしそのつぎの仕事は，適格だと思われる定義をかかげ，この定義には不都合な例が一つも見出せないから，この定義だけはよかろうということだったのである．

ベーコンの方法の欠陥

ベーコンの以上のようなやり方は，ソクラテスが倫理的，政治的概念についてすでにおこなっていたことを，自然学的な概念についておこない，ただそれをもう少し精密にしただけのものである．それゆえ，アリストテレスがいうように，ソクラテスが帰納法の発見者だとすれば，ベーコンはそうした帰納法の忠実な継承者だといえるであろう．

さてベーコンはこのように帰納法によって一応熱なら熱の定義をおこなった．ベーコンはソクラテス，プラトンの弟子らしくそうした定義を熱の形相の定義だとした．それだけでなくベーコンは，自分のこの定義は実は法則なのだと主張した．しかしものの形相の定義，ものの本質の定義は法則というには貧しすぎる．科学における法則は，"A は B なり"といったタイプの命題であらわされるのではなく，願わくは数学を使った命題であった方がよい．そしてそうした法則からなるべく豊かな定理が生まれてくる

ものであった方がよい．そのためには大がかりな仮説・演繹体系が必要であり，そうした公理的体系を組むには論理学がどうしても必要である．しかしベーコンはそうしたことを試みるための数学も論理学も一切もちあわせていなかった．ただ彼がやったことは経験によるデータ集めと，それを利用した除外法による定義の定立だけであった．確かに除外法においては，帰謬法を無意識的に使っている．そして帰謬法も確かに仮説・演繹法を使った反証法である．しかしそれにしても彼の帰謬法はあまりにも単純すぎるといわねばならない．そして彼のつくりあげた法則からも演繹は可能だが，彼の出したいくつかの法則はベーコンの期待したほど大きな結果を演繹するものとはいえない．

　自然学に関していえば，すでにギリシア時代に小型とはいえアルキメデスの静力学の体系がつくられた．そしてその後の長い中断の期間を置いて中世スコラの自然学者たちが自然学の再出発を試みた．グロステートを始めとする中世の自然学者たちが得意としたものは論理学であったが，しかし彼らには実験の精神，実証の精神に欠けていた．そして更に彼らには数学的手法もなかった．これに反しフランシス・ベーコンは実験，実証の精神は旺盛であったが，論理学を全く欠如し，さらに数学的技法も持ち合わせていなかった．そして以上三つの要素，つまり数学と論理学と実証の精神のすべてが全部利用し尽くされたのが，ニュートンの『プリンキピア』だといえるのである．

　このように見てくれば，やはりいかなる討論も，討論だけで終っていたのでは実を結ばないのであって，数学的体系にせよ，物理学体系にせよ，一つの公理系がつくられて初めて探究の営みは完結するのであり，したがって論理学もまた，討論のために使われるだけではなく，証明や公理体系づくりに使われるのが望まし

いといわねばならないのである．

古代論理学の成立の背景

論理学はいきなり公理体系づくりのために開発されたのでなく，まず討論，論争のためにつくられたということは，インド，中国だけでなく，古代ギリシアにおいても同様である．

ところで討論の術といっても詭弁の術は問題にならない．それは論理の病気である．医学が病気を治すことから出発し，さらに医学から生理学が出てきて，この生理学が初めて病気の本性をつきとめ，それの最も効果的な治療を見出したように，きちんとした論理学ができて初めて詭弁の本性がわかり，それに対する対抗策もできあがる．しかし生理学がなかなか生まれなかったように論理学もなかなか生まれない．そして論理学が生まれる前にまず学でない論理学，つまり実戦用の討論の術とそれにまじって詭弁の術がギリシアではあらわれ，それが長らく使い続けられた．ところで，こうした討論の術は主として次の三つの形態で使用された．すなわちその第1は裁判の際の法廷論争であり，第2は議会における政治論争である．そして第3は学派間の理論闘争である．

論争と戦闘

さてこの第3の学派間の論争であるが，これには次の4通りが考えられる．(a)天上地上の自然現象についての学派間の論争．これは一元論者のエレア派に対する多元論者の攻撃と，多元論者に対するエレア派の逆襲．(b)倫理説についての学派間の論争．例えば"正義とは強者の利益のことだ"とするトラシュマコスに対するソクラテスの攻撃．(c)数学説についての学派間の論争．例えば無限的多の存在を認める数学者に対するゼノンの攻撃．(d)知識論上の問題をめぐっての学派間の論争．どの人の主張も正しいというプロタゴラスの相対主義的知識説に対するソクラテ

スやプラトンの攻撃.以上挙げた例はいわば実際的論戦の例であるが,そのほかに,単なる練習のための,あるいは遊戯的な論争もおこなわれ,これは問答競技といわれた.ギリシアのそうした論戦は,ホメロスに出てくる英雄同士の投槍と剣による果し合いや,ギリシアの大切な体育種目である格闘競技になぞらえることができるであろう.実際,オリンピック・ゲームというものはそもそも実戦に備えるための鍛錬の成果を競い合うものだった.ところでギリシアの戦闘は,重装歩兵の密集部隊同士の衝突という形態が出現するまでは,一騎打ちだったのであり,この点,スポーツとしてのレスリングも,言論を使っての闘争もすべて一対一の姿でおこなわれた個人プレーだったのである.

さてギリシア人はしばしば戦争をおこなったが,それに劣らず論戦をも花やかにおこなった.とはいえ,そこで使われた論理はあくまでも論争の術であり,しかも詭弁を交えたものであった.しかし,ギリシア人がそうした段階から脱して,健全な論争をおこなえるようになるためには,術としてではなく学としての論理を成立させる必要があった.そしてその仕事をなしとげたのが名辞論理学に関してはアリストテレスであり,命題論理学に関してはそれよりやや遅れて出現したクリュシッポスを始めとするストア派だったのである.

ところで名辞論理学にしろ命題論理学にしろ,既に論争で実際に使われていたものをピック・アップし,それを整理したものだといえなくもないが,あれだけ整然としたものが出てくるには,やはりそれだけの特殊な事情がなければならない.したがって,それをまずアリストテレスについて見ていくことにしよう.

三段論法と類・種の存在論

アリストテレスに関しては,さきに述べたように,まず技術的

な面では，ギリシアの音楽論，比例論の体系を手本にして三段論法が構築されたものと思われる．アリストテレスの三段論法が名辞論理学といわれるのはそうした面においてなのであり，ギリシア語の horos，ラテン語の terminus は，音楽論では音符，比例論では比例項(数)，三段論法では名辞(語)を意味するのである．しかしながら，三段論法はまたクラス計算だともいわれる．そして古代ギリシア，特にアリストテレスにおいては，クラスとは，類 (genos, genus) と種 (eidos, species) のことである．この類と種は確かに，プラトンの類・種の分割論におけるようにイデアだとも解されるが，アリストテレスはイデア論に批判的だったから，アリストテレスの場合はイデア論の臭味を除いた意味での類・種と考えた方がよいであろう．

さてこの類・種の例としてもっともぴったりしたものは，動植物の分類における種と類であるが，必ずしもそれに限られず，種族─部族─氏族といったものを考えてもいいし，さらに無生物界の分類でもいい．ところでアリストテレスは一面においては『動物学』を書いた実証家であるが，他面では『形而上学』を書いた形而上学者でもある．しかるに形而上学は存在者一般を扱う学である．それゆえアリストテレスはすべての存在者を類・種の段階に配列し，さらにそれら類・種を三段論法の適用対象としたといってよいであろう．しかしそれとは逆に，またプラトン，アリストテレスの類・種の哲学の方が三段論法という特殊な論理学の成立を要求したということもできるであろう．そしてこのことのくわしい内容も前に述べたとおりである．

ストアの命題論理学における真理値関数

つぎにストアの論理学の成立に移ろう．ストアの論理学は命題論理学であるが，この命題なるものの内実はなんであったろうか．

p	q	$\bar{p}$	$\bar{q}$	$p \to q$	pq	$p \vee q$	$\overline{pq}$	$(p \vee q)\overline{pq}$
T	T	F	F	T	T	T	F	F
T	F	F	T	F	F	T	T	T
F	T	T	F	T	F	T	T	T
F	F	T	T	T	F	F	T	F

図 63

まず命題は，2種類の存在を指し示すといわねばならない．すなわち命題は一方では真または偽を指し示し，他方ではさまざまのできごと(event)を指し示す．まず最初の方から見ていこう．

ストアの論理学者は真理値関数を知っていた．そして彼らは図63に示されたような関係を熟知していた．

まず $\bar{p}, \bar{q}$ であるがストアはこれを"否定"と呼んだ．また $p \to q$ を条件命題と呼んだ．つぎに pq を連言命題と呼び，$p \vee q$ でなしに $\{(p \vee q)\overline{pq}\}$ を選言命題と呼んだ．ところでこの選言命題であるが，図でわかるようにストアの選言命題は非排他的でなく，排他的な選言である．そしてストアは図にある $p \vee q$ の方は知ってはいたが，ほとんど使用しなかった．

ストアは以上のように，否定，条件，連言，選言の4命題を真理値で定義したが，この真理値つまり真と偽はギリシアではプロタゴラスの昔から問題とされてきた．すなわち"すべての人間は真実をいう"というパラドクシカルな命題が主張されて論議を呼び，その後メガラ派のエウブリデスは逆に"すべての人間は嘘をいう"といういわゆる嘘つきのパラドックスを提出したりした．しかし，そうした真偽についてのパラドックスはとにかくとして，真偽の問題は古くから知識論および論理学の主題となってきた．そしてストアはこうした真偽概念を利用することによって，命題

論理学の出発点としたのである.

ストアにおける event の論理学

つぎに命題が指示する第2の種類の対象である"生起するできごと"の方であるが,ストアは次のような実例を愛用する.

(a) 条件命題 "昼間ならば明るい".
(b) 連言命題 "昼間だそして明るい".
(c) 選言命題 "昼間かあるいは夜だ".

ここで出てくる命題の中には類・種に相当する名辞は見つからない. ただ"昼間だ"とか"明るい"のように出来ごとをあらわす命題だけである. そしてそうした命題は,現実と一致するかどうかで真偽が決定できる.

さて以上の準備ののち,ストアの推論式の体系が展開される. そしてそれは次のようなものである.

(1) 昼間であれば明るい. 昼間だ. ゆえに明るい.
(2) 昼間ならば明るい. 明るくない. ゆえに昼間でない.
(3) 昼間であり同時に夜であるということはない. 昼間だ. ゆえに夜でない.
(4) 昼間かあるいは夜だ. 昼間だ. ゆえに夜でない.
(5) 昼間かあるいは夜だ. 昼間でない. ゆえに夜だ.

以上5個の推論式に,3種類の前件命題が見出せる. "昼間ならば明るい","昼間であり同時に夜であるということはない","昼間かあるいは夜だ"である. この三つの条件を満足させるような世界は図64の(a)である. またそれをハッセの図式であらわせば(b)である. (a),(b)は現実世界の構造だが,それに対応する論理的世界の構造は(c)である. そしてこれは実はブール束の構造である(d)から切りとってきたものであるが,ほんとうは(c)は(d)の中に埋めこまれているのである. ちなみに(d)は前に出てきた

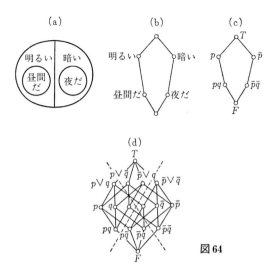

図64

図39の構造と全く同じである.

さて図64において2本の点線が引かれているのに注意していただきたい. これは, 右上りの点線についていえば, この線の左方は T のグループを構成し, 右方は F のグループを構成することを意味する. それゆえ T グループに属するメンバー8個はすべて一斉に T の価をとり, F グループのメンバー8個は一斉に F の価をとる. つぎに左上りの点線についていえば, この線の左方に属する8個は一斉に F の価をとり, 右方に属するメンバー8個は一斉に T の価をとる. そして以上のことがらは, (d)であらわされた命題論理学が T と F の価のどれかをとり, しかもそれ以外の第3の価をとるのでないこと, つまり二値論理学であるということをあらわす.

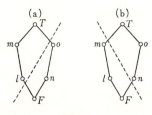

図65

実在構造と論理構造

さて図64の(c)から図65の(a), (b)をつくろう．その際斜めの点線が入れられているが，これは図64の(d)を参考にして入れたものである．

さてさきに述べた5個の推論式を記号化すればつぎのとおりとなる．

(1) $\{(l \rightarrow m)l\} \rightarrow m$

(2) $\{(l \rightarrow m)\bar{m}\} \rightarrow \bar{l}$

(3) $\{(\overline{ln})l\} \rightarrow \bar{n}$

(4) $\{(l \text{あるいは} n)l\} \rightarrow \bar{n}$

(5) $\{(l \text{あるいは} n)\bar{l}\} \rightarrow n$

以上5個の推論式の前件式の中の小括弧でくくった命題は図65の(a), (b)で保証されている．ところで推論式の(1)の小前提 l が真だとする．このことは図65のうちの(a)であることを意味する．すると当然(a)から m もまた真だということがわかる．これに反し(2)では小前提 $\bar{m}$ が真，つまり m が偽だということを意味する．そしてこのことは(b)の方だということにほかならない．すると l は F のグループに属するから l は偽であり，したがって $\bar{l}$ は真だということになる．

このようにしてストアは一方においては図64の(b)という実在

構造をにらみ，他方においては図 65 の(a), (b) という真・偽の構造をにらみながら，5 個の推論式をつくりあげたといえるのである．

アリストテレスとストア派の比較

さてここらでアリストテレスの三段論法とストアの論理学の比較をおこなおう．アリストテレスの三段論法には個体名辞が主語に立つ命題，つまり単称命題は決して出てこない．アリストテレスの名辞論理学における名辞は，主語，述語いずれの位置においても一般名辞としてのみあらわれる．それゆえその命題はすべて一般命題のみである．しかしアリストテレスのそうした名辞論理学において，なぜ個別名辞があらわれずに，一般名辞だけが登場するのだろうか．

アリストテレスの主張によれば，学問の対象は個物でもなく，カテゴリーつまり最高類でもなく，その中間にあるもの，つまり類と種のみである．個物は感覚によってのみとらえられ，カテゴリーは直観つまり最高知によってのみとらえられるのであり，学問的知の対象になりうるのは，カテゴリーと個物の中間のみである．したがって学問の使用する論理学もまた，類・種をあらわす一般的名辞のみから構成されたものでなければならない．それゆえにまたアリストテレスの三段論法は，一つの一般名辞がもう一つの他の一般名辞について，全面的または部分的に，そしてさらに肯定的または否定的に述語づけられるのであって，ここから全称肯定，特称肯定，全称否定，特称否定の 4 種の命題がつくられる．

さてこれら 4 種の命題は，三段論法においては，すべて換位がおこなわれねばならない．しかしながら最高類は述語にはなるが主語にならず，個体は主語にはなるが述語にならない．したがっ

てどちらを含む命題も換位ができない．またある命題が個体名辞をその主語としてもつならば，そうした命題の主語には，"すべての"も"ある"も付加することができない．それゆえ，そうした技術的観点からしても，三段論法におけるすべての名辞は，カテゴリーと個体名辞の中間にあるものでなければならない．だとすると三段論法に使われる一般名辞はすべて自己と等位の，そして下位の，そして上位の名辞をもつはずである．ところでカテゴリーつまり最高類はそれの矛盾的対立をもたない．そして個体名辞もまた自らの矛盾的対立をもたない．しかしカテゴリーと個体名辞の中間にあるすべての名辞は自らに対立する等位または上位または下位の矛盾名辞をもつ．したがって結局アリストテレスの三段論法は，上位概念，下位概念，等位概念としてピラミッド形に編み合わされた類と種の体系を要請するのである．

アリストテレスの普遍者主義とストアの個物主義

これに対してストア派では事情は全く異なる．アリストテレスは一般的なもの，普遍的なものだけを学問の対象として，個別的なものを学問の対象としたがらず，したがって彼の論理学もそれに対応したものであった．ところがストアは個物を学問の中心テーマに据えた．ストアは有名な個体性の原理を立てた．つまり世界は個物からなっており，これらの個体はどれ一つとして，相互に同じものはないと主張する．厳密な意味で全く同じであるような2個の卵，二つの麦粒，二人の人間は存在しないという．このことは性質についても主張されるのであって，同じ象牙からつくられた二つの球は同じ色，同じ丸さを持っているように見えても，その実，それぞれ固有の色，固有の丸さを持つというのである．このようにしてストアの哲学は個体性の原理によって貫かれているのであって，個体こそが真の実在であると考えられた．それゆ

えストアは当然，類や種のような一般的なもの，普遍的なもの，そして特にイデアの存在を否定する．そしてそれらを単に思考の対象にしかなりえぬもの，単なる仮構物であって，実在性をもたぬもの，個物と関係しないものと考えるのである．

ストアの命題論理学は以上のような哲学との連関で生まれたものである．実際，ストア論理学に出てくる命題には，一般命題つまり類と種の関係を述べる命題など一つもなく，すべて個物を主語とする単称命題なのである．そして単称命題である限りは，"すべての"も"ある"も使われていない．むろん換位などもおこなわれない．それどころか，ストアの論理学の命題には個体を示す主語さえない場合がある．現にさっき挙げた例でいえば，"目下，昼間だ"とか"目下，明るい"といった出来事を述べるだけの命題がほとんどなのである．

論理学の諸タイプと哲学の諸タイプ

論理学には大きくいって3通りあるといえる．クラス論理学と命題論理学と述語論理学(命題関数)である．そしてそれらはそれぞれ命題の構造に対する態度を異にする．クラス論理学には個体が入ってこない．これに反し述語論理学は述語の普遍性の他に主語の個体性をも認める．例えば"すべてのひとは走る"という命題を，クラス論理学は"すべてのひとは走る者である"と解する．ところが述語論理学は"ソクラテスが走り，プラトンが走り，そして……"と解する．また"すべてのひとは動物である"という命題をクラス論理学は"ひとという種が動物という類の中に含まれる"と解するが，述語論理学は，"いかなる個体であれ，その個体がひとであれば，その個体は動物である"と解する．

それではストアがとった命題論理学の立場はどうであろうか．ストアの場合，類・種を認めないから，"ひとは走る"とか"ひと

は動物である"といったタイプの命題は問題にならない．しかし"すべてのひとは走る"を"ソクラテスは走り，プラトンは走り，……"と解したとしても，ソクラテスやプラトンといった個体はいいが，"走る"といった動詞にはソクラテスにもプラトンにも述語づけられるという意味で普遍性があるから，そうした普遍性をもつ"走る"は認められない．このようにストアは述語の一般性すら認めないから，そこでは述語論理学つまり命題関数の考え方も成立しない．

こうしてストア論理学における命題は，感覚可能な単独の個体的事実を述べるものであり，単一なる事件の描写なのである．そしてそこにはアリストテレス的命題構造もありえず，また命題関数的構造もありえないのであり，それゆえストアでは，命題を分析してその内部構造を探り，命題より下の最小単位を見つけるという方向はとられず，命題そのものが最小単位とされるのである．そしていったんこうした立場が確立されれば，これを原子命題として，こうした原子命題から分子命題がつぎつぎとつくられていくのであり，その場合の結合の作用をおこなうのが，"ならば"，"そして"，"あるいは"といった結合詞なのである．

このようにしてストアの論理学はストアの個体主義的感覚主義的認識論にその基盤を置く．つまり感覚的知覚的な個体認識こそが根元的な認識であり，感覚によって把握できぬ類・種や普遍名辞や普遍的動詞を認めないという理論にその基礎を置く．さらにストアの論理学はストアの自然学とも密接な関係をもつ．ストアの論理学の基礎となる命題は観察を記述した命題であり，したがって経験命題である．それゆえそれは経験によって真偽の検証が可能な命題である．そしてストアの自然学の扱う命題はまさにそうした種類の命題にほかならないのである．

ストアの論理学において分子命題をつくりあげる結合詞のうちでもっとも重要な役割を果すのは，なんといっても条件文をつくる"もし，ならば"である．そしてその例は"昼間ならば，明るい"であった．ストアはこうした条件命題を συνημμένον と呼んだ．この語は，συνάπτω という動詞からきたものであり，"結合されたもの"つまり単に結合命題という意味である．そしてそれはそのラテン語訳が conexum であることからも明らかである．

ストアの論理学と占いの術

さて結合といえばストアには原因・結果の結合，つまり nexus causarum ということばがある．これは世界においては原因と結果の結合がつぎつぎと連鎖をなして続いているという主張を表現したものである．そしてこの主張はストアの自然学の基礎をなしている．実をいえば，ストアの自然学は古い占いの術の性格を継承している．占いの術とは，天体の状態，犠牲獣の臓物の状態，鳥の飛び方といった現在の事実，既知の事実から，未来の事実，未知の事実を予言するものである．しかしそうした予言が可能なのは，自然的世界に因果の連鎖が存在するという信念がなければならない．そしてストアは実際，世界は単純な事件どうしのさまざまの連鎖から構成されているという宇宙観をもつのである．ところで，そうした連鎖は自然的世界だけに限らない．ストアは人間の世界もまたそうした事件の因果の糸によって織りなされていると考える．そしてそれがストア哲学の宿命主義と呼ばれるものである．しかもそうした宿命，運命は単に自然必然的なものではなく，神の摂理によるものだと主張するのである．

事象の網の目構造

さてストアの論理学の構造は一応図 64 の (c) や図 65 の (a)，(b) で示された．しかしそれらはあくまでも不完全な姿であり，部分

的な姿にすぎない．そしてその完成された形は図64の(d)のとおりである．ところで図64の(c)で示された論理構造には，それに照応する現実世界が存在するのであり，それが図64の(b)であった．そして"明るい"，"暗い"，"昼間だ"，"夜だ"という四つの事態は，一応ばらばらに独立して存在しているとはいえ，互いになんらかの形で関係をもっているのであり，その結合の仕方が(b)にほかならないのである．ところで世界において生じる事件は無数にある．しかしそれらすべてもやはり，ある構造をもって相互につながっているはずである．そしてそれは，単なる因果の縦の連鎖だけではなく，横の関係も存在するはずである．それゆえ世界の構造は無数の事件が網の目状につながれたものだというべきであろう．そしてそのもっとも単純なものが図64の(b)であるが，ストアにとっての世界の構造はそうした種類の構造を無数に含みこむようなものだったと考えられるのである．

　以上，アリストテレスの三段論法とストアの論理学の成立の事情をその世界観との関連で述べたが，それら二つの論理学はともにすぐれた形式論理学である．ところで形式論理学というものはいったん成立したからには，自分の足で自由に歩き出すものであり，さらに形式論理学はその適用範囲をどんどん広げていくものである．とはいえそうした二つの形式論理学も人間が造ったものである限りは，その発生期の状況を調べることは歴史的興味をひくことである．また形式的学，客観的学といえども，発生期において刻印された特殊な性格は案外長く保持し続けるものである．そうした意味で論理学の成立事情を調べるところの論理学史というものもまた無意味な研究とはいえないのである．

第2章　中世論理学の性格

神学の侍女としての論理学

中世の論理学の性格を一言にしていえば、"論理学は神学の侍女である"となるであろう。このことは中世の教育制度から見てもいえることである。すなわち、中世の大学で神学を学ぶには、その前に自由七科をマスターしなければならなかったが、その自由七科のうちでもっとも重要かつ有用な科目が論理学だったのである。

それでは中世の論理学は神学においてどのようにして使用されたのだろうか。神学の例としてトマスの『神学大全』を用い、その第1部第3問第1項を見てみよう。そこでは"神は物体であるか"という問いが提出される。この問いに対しては肯定・否定二つの答えが予想されるが、まず肯定の答え、つまり"神は物体であるとも考えられる"という命題が提出される。ただしこの命題はトマスによって後ほど否定されるべき命題であり、それゆえ正論でなく、異論と呼ばれる。さてこの異論的命題はいくつかの仕方で証明されるが、その主なものはつぎの二つである。すなわち(一)物体的な部分をもつものはすべて、物体である。しかるに聖書によれば神は物体的な部分をもつ("主の目"『詩篇』第33篇．"主の右の手"『詩篇』第117篇)．ゆえに神は物体である．(二)状態をもつものはすべて物体である．神は状態をもつものである("主が座につかれた"『イザヤ書』第6章．"主はさばくために立たれる"『イザヤ書』第3章)．ゆえに神は物体である．以上二つとも Barbara (第一格第一式)である．

つぎにトマスはいまの異論に対する反論として『ヨハネ伝』第4章の"神は霊である"という命題をもちだす．

そしてさらにトマスは主論として，"神は絶対に物体でない"という自らのテーゼつまり正論を3通りのやり方で証明する．

（1）どんな物体も，動かされずに動かすことができるものではありえない．

神は不動の第一動者である．

ゆえに神は物体ではありえない．

この三段論法はCesare(第二格第一式)である．

（2）すべての物体は可能態においてあるものだ．

神は可能態においてあるものではない．

ゆえに神は物体ではない．

この三段論法はCamestres(第二格第二式)である．

（3）もっとも高貴なものは物体であることはできない．

神は存在者のうちもっとも高貴なものである．

ゆえに神は物体であることはできない．

この三段論法はCelarent(第一格第二式)である．

つぎにトマスは冒頭に置かれた異論に対する解答をおこなう．

（一）に対して．小前提の"神は物体的な部分をもつ"(聖書に出てくる"主の目"，"主の右の手"によって)は，(a)"主の目"，"主の右の手"を比喩としてとれば確かに真であるが，(b)文字どおりにとれば偽となる．ところが異論者は文字どおりにとって自分の推論をおこなっているが，そうだとすると小前提は偽となり，したがって"神は物体である"という結論は出てこない．

（二）に対して．小前提の"神は状態をもつものである"は，(a)"座につかれた"，"主は立たれる"を比喩としてとれば真であるが，(b)文字どおりにとれば偽となる．ところが異論者は文字どおり

にとっている．それゆえ小前提は偽となり，したがって"神は物体である"という結論は出てこない．

トマスにおける論理学の使用の特徴

ここでいくつかのコメントを加えよう．まず異論も反論もともに聖書から出発していることに注目しよう．トマスは聖書のほかに教父たちのことばをも利用する．さらに，トマスが主論の第1において使用した小前提"神は不動の動者である"はアリストテレスの主張である．また第2における"神は可能態においてあるものではない"は"神は純粋現実態である"というアリストテレスの説である．トマスはこのように彼の神学の出発点を，聖書と教父たちとアリストテレスのことばに求める．つまりそれらを信頼するに足りる典拠と考える．とはいえ，なぜそうした典拠から一方においては異論あるいは異端的命題が証明され，他方においては主論つまり正論的命題が証明されるのだろうか．

そうした問いに対する答えは簡単である．それは，権威となるそれらの命題自体は真なのだが，異端的命題を主張する連中はそこからまちがった仕方で自分たちの説を引き出したからだというわけである．そしてトマスは実際に，異論に対する答弁において，異論提出者の推論がいかにまちがっているかを示すのである．ところで推論のまちがいはいろいろの仕方で犯されるが，たまたまいま犯されたのは，二つとも同じであって，比喩として使われたことばをまちがえて文字どおりにとったことからくる誤りだったのである．

中世論理学の解釈学的性格

さて"主の目"という語は聖書に出てくることばであり，聖書のことばは神の語られたことばだから絶対に正しい．しかし人間はそうした神のことばをいろいろに解釈する．そしてそうした解

釈には正しい解釈とまちがった解釈がある．いまの場合でいえば"主の目"を字義どおりに解するのはまちがいであり，比喩的に解する方が正しいのである．

こうした解釈学的態度は，中世においては神学に限らず，法学に対しても医学に対してもとられた．すなわち法学では，ローマ法といった基本的な法文を土台において，それの法解釈がおこなわれた．そしてその伝統は現代でも存続している．しかし他方，医学でも中世の学者たちは，ガレノスの医学書を権威ある書とし，これの訓詁に励んだのであるが，こうした伝統は，中世の末から近世の初めにかけて出現した経験科学によって否定されてしまう．

実をいえば，中世の大学は神学部の他に法学部と医学部からなっていた．そしてこれら三つの学部のいずれにおいても，権威となる文書をまず決めておき，それらの文書の講読と解釈がおこなわれた．そしてこのことを中世では原典の注解(expositio)と呼んだ．ところでこの注解は中世では一つの重要な技術，いやむしろ一つの学問の方法だったのであり，この技術の内実が文法学や論理学や修辞学にほかならなかった．そして神学部，法学部，医学部のいずれかへ進む前にすべての学生が一様に，重要な予備学としてそうした文法学を始めとする3科を習得させられたのである．

さて文法，論理，修辞の3科は中世ではまとめて"ことばの学"(scientia sermocinalis)と呼ばれた．そしてこの場合の"ことば"は自然言語つまり日常言語を意味した．つまり中世の場合でいえば，例えばラテン語に訳された聖書のことば，ラテン語で書かれたローマ法典，ラテン語訳されたガレノスの医学書のことばなどを意味した．そして中世論理学はそうしたテキストのことばを厳密に処理するための道具としてつくりだされたものであり，さらに中世論理学のテキストそれ自体も，一切の記号なしに，もっぱ

ら日常言語であるラテン語だけを使って書きあげられた．それゆえ中世論理学はまた，近代の記号論理学と区別するために"言語論理学"(Sprachlogik)とも呼ばれるのである．

代表の理論の解釈学的性格

中世論理学のそうした性格をもっともよく示すものとして，古代論理学には見当らず，中世論理学において初めて考案された"代表(suppositio)の理論"を紹介しよう．"代表する"(supponere pro)という動詞は，逐語的に英語に置きかえられて"stand for"となる．そしてこの英語は，"The Stars and Stripes stand for the U.S."の場合におけるように，"代表する，表わす，意味する"という意味をもつ．

いまつぎのような三つの命題があるとしよう．(1)"ひとは走る"，(2)"ひとは種である"，(3)"ひとは2音節からなる"．(1)において"ひと"という語はソクラテスとかプラトンのような個体を指すから，"ひと"は個体的代表(suppositio personalis)の作用をもつという．しかしこの同じ"ひと"が，(2)においては"人"という種概念を指すから，"ひと"は端的な代表(suppositio simplex)をもつという．ここで"端的"といわれるのは，中世的な概念実在論の立場から見てのことであって，その立場では"ひと"のような普遍名辞の端的な，つまり本来的な代表作用は，種や類といった普遍概念を指すことだというわけである．さらに"ひと"はまた(3)におけるように，自己自身つまり，"ひと"という記号を指す．そしてこれは素材的代表(suppositio materialis)といわれる．というのも，2音節といわれる場合の"ひと"は音声という物理的存在，つまり語の素材的側面を構成する存在にほかならないからである．

以上が中世で新しく作り出された代表の理論の概略である．そ

してこの理論は一見して明らかなように，現代論理学における意味論の先駆形態である．現代論理学の意味論の創始者の一人としてポーランドの論理学者タルスキーが挙げられるが，彼は1941年に出した彼の優れた論理学の入門書の中で，"well consits of four letters"という文の中での"well"という語は，中世論理学の語を使えばsuppositio materialisをもつものだと述べている．

とはいえタルスキーがここでsuppositioの理論つまり代表の理論をもちだした真の目的はこうである．3＝2＋1という等式に対してあるひとびとは，この真理性を疑っている．すなわち彼らの意見によれば，この等式は，"3"という記号と"2＋1"という記号が等しいことを述べているように見えるが，これらの記号は互いにその形状を全く異にしているから，等しいとはいえない．さらに等号の左辺は1個の記号なのに右辺はそうでないから，両辺が等しいなどとは絶対にいえない．

タルスキーは以上のような疑惑を抱くひとびとに対して，代表の理論でもって答えた．すなわち，3＝2＋1において，"3"および"2＋1"が，そうした記号によって指し示された対象である数を意味するならばその等式は真である．しかし"3"および"2＋1"といった記号が，記号それ自身を指し示すものとして使用されるならば，いいかえれば，素材的代表作用をおこなうものとして使用されるならば，その等式は確かに偽である．

このようにタルスキーは自覚的に中世の代表の理論を復活させたが，ただ中世とちがう点は，中世では代表の理論がもっぱら自然言語に対してのみ適用されたのに反して，タルスキーではそれが数学や形式的人工言語に対して適用されたことである．そしてこのことは，中世論理学と近代論理学との性格の相違を示す象徴的なことがらだといってよいであろう．

代表の理論と神学理論

　さて中世の代表の理論はこのようにきわめて現代的な内容をもつものであるが，そうした理論が中世においてなぜ出現したのだろうか．この質問に対する答えは当然ながら，代表の理論もまた中世の神学理論に奉仕せんがために生み出された，といったものである．つぎのような例を挙げよう．

　"神は神を生みたもう．

　ゆえに神は父である神を生みたもうかあるいは父でない神を生みたもうかのどちらかである．

　もし父である神を生みたもうなら，同一なる御方が，生まれるものでありそして父でもあるということになる．

　それゆえ同一なる御方が子なるものであり，同時に父なるものであるということになる．（しかしこれはおかしい，だから第1の選言肢は成立しない．それゆえ第2の選言肢でなければならない．すなわち）神は父でない神を生みたもう．しかし，そうだとすれば神は父でないものである"．

　以上の議論は12世紀のスコラ学者ポワティエのペトルスの著『命題集注解』からとったものである．さていまの議論の結論である"神は父でないものである"はキリスト教の教義に反する命題である．というのも，キリスト教では主の祈りにおいて"天にましますわれらが父よ"といわれるように，神は父だからである．ところでこうしたまちがった命題は"神は神を生みたもう"という正しい前提から導き出された．それゆえ，そうしたまちがった命題を導き出した推論はまちがった推論，つまり誤謬推論である．とはいえいまの場合その誤謬はどこに存するのか．その問いに対してペトルスはこう答える．

　いまの誤謬推論は多義性の誤謬である．すなわち，"神"という

語はときには位格的な神を指すために使用されるが、ときには神の本質を指すために使用される．位格的な神を指す場合は，"神は神を生みたもう"とか"神は神から"といったときである．そしてこの場合，初めの神は父なる神であり，後の神は子なる神である．しかしこれに反して"神はある（存在する）"といった命題における神は，神の本質を指す．

ところでいまの議論の最後において，"神は父でない神を生みたもう．しかし，そうだとすれば神は父でないものである"という推論がなされた．しかしこの推論における二つの命題において，第1の命題の神は"生みたもう"という動詞とともに使用されているから，位格的な神を指す．しかし第2の命題の神は"生みたもう"という動詞ではなく"ある"という動詞とともに使用されているから，神の本質を指す．それゆえ第1の命題と第2の命題とで"神"という語が二義的に，つまり違った意味に使用されている．それゆえいまの議論は多義性の誤謬を犯しているのであり，したがってそうした議論の結論はあやまりである．

代表の理論の発生過程

さていまの誤謬は確かに多義性の誤謬であるが，普通にいわれる多義性の誤謬とはやや異なる．普通にいう多義性の誤謬は，例えば，"この本はたくさんのpageをもつ．pageは小姓である．ゆえにこの本はたくさんの小姓をもつ"といったものである．この推論の結論は明らかに誤りである．なぜなら王侯貴族ならいざ知らず，本が小姓をもつなどありえないからである．

ところでいまの誤謬推論は，"page"という語が本のページという意味と小姓という意味をもつことから生まれた．しかしそうした両義性は辞書において見出せる種類のものであって，決して論理的な多義性とはいえない．さて多義性の誤謬には，いまのよ

第2章 中世論理学の性格

うな同音異義的な多義性のほかに,同音同義でありながらしかもその語が多義的に使われることによって生じる場合がある.そしてその1例がいま述べたペトルスの紹介になる議論だったのである.実際,そこでは"神"という語が同音異義的に使われているわけではない."神"は同音同義であるが,しかしこの語が命題の中で使用されるときの前後関係によって"位格としての神"と"神の本質"という2義に分かれるのである.

さて同音異義の語による多義性の誤謬の存在はすでにアリストテレスによって指摘された.しかし同音同義の語がなおかつコンテクストによって異義性をもつということは,中世の論理学者の新しい発見であった.しかもそうした発見の背景には,いま述べたような神学論争において新しい道具が要求されたという事実があったといえるのである.

同音同義語のもつ多義性といえば,他にも本来的意味と比喩的意味との両義性による誤謬が存する.これはトマスの『神学大全』の中にある"主の目"という語がそうであり,これは前に紹介したとおりである.ところで普通,スコラ論理学ではそうした本来的意味と比喩的意味との混同による誤謬を修辞学的誤謬という.というのも,比喩といったものは文法学によって扱われるものでもなく,論理学によって扱われるものでもなく,もっぱら修辞学によって扱われるものだからである.

さてそうした修辞学的誤謬の1例を挙げればつぎのとおりである.

すべての鳥は翼をもつ.

ペトルスは鳥だ.

ゆえにペトルスは翼をもつ.

この誤謬推理において,大前提の"鳥"は語の本来的な意味で

使用されているのだから,本来的な代表作用をもつといわれ,小前提の"鳥"は語の比喩的な意味で使用されているのだから,比喩的な代表作用といわれる.そしてトマスの『神学大全』の"主の目"の区別もまた確かに神学的な場面で使われてはいるが,それは実は修辞学的な種類の代表作用の問題に含められるものなのである.

このように代表の理論は,初め神学的な場面において,そして多くの場合,修辞学的側面で利用されだした.しかし代表の理論はやがてそうした修辞学的側面を弱めて論理学的側面の方を正面に出すようになる.そしてそれが前に述べた個体的代表,端的な代表,素材的代表の三つである.というのも,前二者は論理学が古くから取り組んできた個と普遍の問題にかかわり,第3番目の代表は,記号の問題にかかわっているからである.こうして,いったん論理学的な面を確立した代表の理論は,もはやその適用を神学の問題に限られることなく,きわめて一般的な応用が可能になる.そして,やがて代表の理論は中世論理学のテキストの中の重要な1章として組み込まれ,代表の理論といえば中世論理学の中核をなすとさえ考えられるようになる.とはいえ,そうした代表の理論もその初期の段階においては,神学的テキストの解釈のための技術といった性格を色濃く保っていたといわねばならないのである.

注解のための論理学的理論

以上で代表の理論が神学書を始めとするいろいろなテキストの注解のための道具であったことが明らかとなった.しかし中世では代表の理論と並んでもう一つの理論,つまり"注解を必要とする語の理論"というものが造り出された.そしてこの理論ももちろんその名前が示すように,注解のための道具だったのである.

さて"注解を必要とする語"つまり exponibilia と呼ばれるものは，例えば"ひとだけが理性的である"といった命題における"だけ"といった語である．さてこの"だけ"という語は"ひとだけが理性的である"といった命題の中で出現する．そしてそうした"注解を必要とする語"を含む命題は"注解の必要な命題"(propositio exponibilis)と呼ばれる．というのもそうした命題はそのままでは意味がはっきりせず，それゆえ注解(expositio)を必要とするからである．

さて注解を必要とする命題にはいくつかのタイプのものがあるが，いまあげた例は，排他的命題と呼ばれ，つぎのように"展開"(exponere)される．

　"ひとだけが理性的である"＝"ひとは理性的である"そして
　"ひと以外のいかなるものも理性的でない"．

その他の"注解を必要とする命題"の展開の仕方はつぎのとおりである．

　"ひとを除くあらゆる動物は非理性的である"＝"ひと以外のあらゆる動物は非理性的である"そして"ひとは動物である"そして"ひとは非理性的ではない"．

　"ひとは理性的である限りにおいて泣くことができる"＝"ひとは泣くことができる"そして"ひとは理性的である"そして"すべての理性的なものは泣くことができる"そして"あるものが理性的であるがゆえにそのものは泣くことができる"．

　"ソクラテスはろばより白い"＝"ソクラテスは白い"そして"ろばは白い"そして"ソクラテスはろばが白い以上に白い"．

　"バラは花の中でもっとも美しい"＝"バラは美しい"そして"どの花も美しい"そして"いかなる花もバラが美しい以上には美しくない"．

"ソクラテスは白くなり始める"＝"ソクラテスは今は白くない"しかし"ソクラテスは今後ただちに白いであろう".

以上の例で"より"とか"もっとも"とかは印欧語に特有の比較級,最上級に関係するから,文法のジャンルに属するといえよう.また"……し始める"という動詞は変化や運動に関係するから,中世ではしばしば自然学書とくに運動論の中で扱われた.

中世論理学とチョムスキー文法

さて中世のこうした"注解を要する命題"の理論は,実はその後一つの伝統を形成するのであって,この理論は近世の『ポール・ロワイアル論理学』の中に出現し,さらにはチョムスキーの深層構造の文法学にまで達する.

1662年に刊行された『ポール・ロワイアル論理学』の第2部判断論の中で,この書物の二人の著者アルノーとニコールはつぎのような4種の命題をかかげ,それらを総括して"意味上の複合命題"(propositions composées dans le sens)と呼んだ.

(1) 排他命題(exclusives) "神だけが無条件的に愛される対象である".

(2) 除外命題(exceptives) "賢者を除くすべての人間は愚かものである".

(3) 比較命題(comparatives) "あだが口づけするよりも愛する者が傷つける方がはるかにまさる".(聖書,箴言27:6)

(4) 開始もしくは終結命題(inceptives ou désitives) "イタリアでは500年前からラテン語は日常語であることを止めた"."ユダヤ人は西暦紀元6世紀になってやっと母音をあらわす点記号を使い始めた".

以上が"意味上の複合命題"であるが,それが意味上と呼ばれるのは,単なる"複合命題"と対照させるためである.そしてそ

うした単なる"複合命題"(propositions composées)はポール・ロワイアル論理学では次の6種類である.

(1) 連言命題(copulatives)
(2) 選言命題(disjonctives)
(3) 条件命題(conditionelles)
(4) 因果命題(causales) "ある王侯は悪い星のめぐりあわせの下に生まれたから,不幸である".
(5) 相関命題(relatives) "この生きざまあってこの死にざまあり"."富の如何に応じて世間的評価の如何がきまる".
(6) 対比命題(discretives) "不運はひとの財産を奪う.しかしひとの心までも奪いはしない".

以上6種の命題はすべて,文字どおり2個の命題が複合してつくられたものである.しかし"意味上の複合命題"の方は外見上は1個の命題であるが,意味の上では複合命題である.したがって,意味上の複合命題は,単一に見える外見の下に実は複合的命題を隠しもっているのであり,それゆえ,そうした複合命題をあからさまな複合命題に書き替えることが可能である.そしてこのあからさまにされた複合命題の方がもとの命題よりもわかりやすいのは当然であって,それゆえ,もとの命題,つまり"意味上の複合命題"は,中世論理学でいう"注解を要する命題"と同じものなのである.そしてこれは『ポール・ロワイアル論理学』の著者たちも認めていることなのである.

さてチョムスキーの文法は,文章の機械的な生成をその任務とする.そしてこれが,チョムスキー文法を生成文法と呼ぶ理由である.とはいえ,そうした文の生成をスムーズにおこなうためには,二義性や不規則性の多い表層構造においてでなく,深層構造においておこなった方が便利である.しかし,そのためにはまた

表層構造と深層構造を機械的に互いに変換させることが必要である．そしてそれが変形規則なのであり，チョムスキーの文法が変形文法とも呼ばれる理由はこの点にある．記号論理学においては表層構造と深層構造の区別は存在しない．というのも，記号論理学は初めからそのようにつくられた人工言語だからである．それゆえ記号論理学では形成規則つまりチョムスキー文法でいう生成規則だけで十分なのである．しかし自然言語を扱うチョムスキー文法は，生成規則とともに変形規則をも必要としたのである．

こう見てくれば，中世論理学の"注解を必要とする命題"論や，ポール・ロワイアル論理学における"意味上の複合命題"の理論は，まさに，表層構造を深層構造へと変換するテクニックにぴったり対応する．そして実際チョムスキーも，彼の『デカルト派言語学』で自らが創案した変形文法の源流を『ポール・ロワイアル論理学』に求めている．とはいえ，それはさらに遠く中世論理学の"注解を要する命題"の理論にまで遡らせることができるのである．

中世における共義語の理論

"注解を要する命題"の理論は，中世論理学の釈義学的，文法学的性格を示すものであるが，中世の論理学で扱われた共義語の理論もまた，中世論理学の日常言語主義的性格をあらわすものといえる．

さて共義語の原語は syncategorema および consignificativum である．このうち syncategorema の方は categorema と対立する．ところで categorema は名詞と動詞であり，categorema という語が使われたのは，名詞と動詞が定言的命題(categorematical proposition)を構成する主体であることによる．それゆえ syncategorema の方は，そうした定言的命題を構成するに対して補助的な

役割しか演じないものというわけである．またcategoremaとsyncategoremaがsignificativumとconsignificativumといわれるのは，categoremaが，それ自身で意味作用をもつものであるのに対し，syncategoremaはそれ自身では意味作用をもたず，それ自身で意味作用をもつものと一緒になることによって初めて，意味作用をもつものだからである．

さてそうした共義語の例は，si(if)，vel(or)，aut(either……or)，et(and)，nisi(except)，quam(thanまたはas)，quicquid(whatever)，quidlibet(anything you will)等々である．これらは"石"や"落ちる"のようなそれ自身でなんらかの事物を指示できる語ではなしに，"それ自身ではなにものをも指示せず，他のものと一緒になって初めてなにものかを指示しうる語"である．これらの語は印欧語の文法用語では小辞(particula)と呼ばれるものである．ところで文法用語といえば，中国語文法で語つまり詞が人，国，知，愛といった自立詞とそれ以外の詞つまり補助詞(全，各など)と付属詞(及，若など)に分けられたり，日本語文法で，"その語1個にて一つの思想をあらわしうるものと然らざるもの(てにをはの如き)"に分けられるのと軌を一にする．

中世の共義語の上述の例の中で，si(もし)，vel(あるいは)，et(そして)は現代論理学における論理的不変詞(logical constant)あるいは論理的結合詞(logical connective)に相等する．またquicquid(なんであれ)やquidlibet(任意の)は現代論理学における全称記号(universal quantifier)と変項(variable)に相当するといえる．とはいえ，共義語論ではそうした純粋の論理学の基本語だけではなく，nisi(……の他に)，quam(……よりも，……のように)といった非論理学的小辞も扱われているのであり，そうしたことからも中世論理学の自然言語主義的な性格を読みとることができ

るのである．

討論の術としての中世論理学

　中世論理学が釈義学的，解釈学的性格から出発したことは以上述べたとおりである．ところで神学には二つの方法がある．一つは注解 (expositio) であり，もう一つは討論 (disputatio) である．キリスト教神学は確かに聖書や教父の書物を拠るべき経典として，その解釈から出発した．しかし自然言語の文書，特に宗教的文書の常として解釈は必ずしも一義的なものではない．必ず解釈に対立が生じる．しかし宗教的教団としてはちがった解釈を放任しておくわけにはいかない．統一解釈をおこなうには力関係で異説を異端として弾圧することもある．しかしこれは最悪最低の方法であり，それにいたるまでには，大抵の場合，対立する両説を言論によって闘わせて正統と異端を決定する．そうした決定にいたるための方法が討論の術なのである．そしてちょうど注解の術が論理学的方法として確立されたのと同じように，討論の術もまた中世では論理学的方法として確立される．

　討論の方法を具体的な例で見ていこう．前にトマスの例をあげたので再びそれを使おう．トマスの『神学大全』第1部第3問第1項はつぎのような仕方で構成されている．

　(1)　問いあるいは論題　"神は物体であるか"．

　(2)　異論，誤った見解　"神は物体であるとも考えられる"．

　(3)　(2)の誤った見解に対立する反対論　"神は霊である(神は物体でない)"．

　(4)　(1)の質問に対する応答．正論．"神は物体ではない"．

　(5)　(2)の異論に対する解答．

　以上の5段階に対し，(1)は $p \vee \bar{p}$，(2)は p，(3)，(4)，(5)は $\bar{p}$ であらわすことができる．ところでいまはトマスの立場に立った

ので p は異論, $\bar{p}$ は正論だったが, トマスとは反対の立場に立つ論者にとっては逆に p が正論, $\bar{p}$ が異論だということになる. そして討論の出発点においては討論を始めようとする双方が真向から対立する p と $\bar{p}$ をそれぞれ正論だと主張しあい, ともに対等の資格で闘いを始めるわけである. これが中世の討論の方法にほかならないのである.

異端論駁の術としての論理学

トマスの神学の方法は確かにいま述べた討論の方法に基礎を置いている. ところで中世ではそうした討論の方法それ自体が一つの術として完成された. そこで中世論理学の1分科としての討論の術を考察することにしよう. 時代はトマスよりかなり後ではあるが, そのトマスの名を冠した聖トマスのヨハンネスが1637年に刊行した書物『論理学』(Ars logica)の冒頭にそうした討論の術がくわしく述べられている. そこでそれを紹介することにしよう. 全訳すると長くなるのでその要旨を記すと以下のとおりとなる.

どの討論(disputatio)においても, まず異論提出者が異論(argumentum)を提出する. この異論なるものはきわめて簡潔な三段論法または省略三段論法(enthymema)の形式でおこなわれる. この三段論法または省略三段論法が声高らかに唱えられるのを聴いて, 正論を保持しようとする人(defendens)は, 相手が唱えた異論を検討するために, (1)大前提および小前提が真であるか(その場合はそれを容認する), (2)偽であるか(その場合はそれを否認する), (3)疑わしい, またはあいまいであるか(その場合それを峻別する), そして最後に, (4)推論そのものが妥当(bonus)か妥当でない(malus)かを心の中で熟考する. そして相手の異論が三段論法でおこなわれているとして, その大前提が真であると思えるときは, 大きな声で"私は大前提を承認する(concedo)"とい

う．また偽だと思えるときは"私は大前提を否認する(nego)"と唱える．そして大前提が推論の結論と無関係なものであり，結論を引き出すのになんの役にも立たないものであれば"大前提は除去すべきだ"と唱える．そしてさらに大前提が疑わしいか両義的であれば"私は大前提を峻別する(distinguo)"と唱える．ちなみに峻別とは両義的命題を二つの一義的命題に分かち，その一方は否認するが他方は肯定することである．

以上で大前提の検討が終るが，それによって大前提が否認されるか除去されるならば，それで相手の推論が無効になってしまうが，大前提が承認または峻別された場合は，その次に小前提の検討に移る．そして小前提についても承認か否認か除去か峻別がおこなわれる．そして小前提についても承認または峻別がおこなわれた場合，こんどは推断そのものの検討に移る．ところで推断(consequentia, illatio)とは前件(antecedens)と後件(consequens)とからなるものであり，それゆえ推断と後件あるいは帰結とはちがう．したがって帰結には真偽があるが，推断には真偽でなくて，妥当，非妥当のみが存する．さて推断が妥当な場合は，"私は推断を承認する"と唱える．しかし非妥当なら，"私は推断を否認する"という．そこで最後に帰結に関していえば，もし推断が妥当であり，したがってそれが承認されれば，帰結もまた承認される．しかし推断が非妥当であり，したがってそれが否認されれば，帰結もまた否認される．ただし承認された帰結が両義的な場合，それはさらに峻別されねばならない．

以上が聖トマスのヨハンネスによる討論についての記述のあらましである．ところで彼は自らの論理学の冒頭の箇所で，この討論の術について述べているのであり，そこから見ても彼の論理学の全体が，もっぱらこの討論の術に資するために書かれたという

ことは明らかである．しかもこの討論の術は結局，異論提出者，つまり異端的教説の提出者を徹底的に攻撃し，そのことによって自らの正統的立場を守るためのものなのである．それゆえこれは討論の術といっても，もっぱら異端説論難のテクニックなのである．そしてこれは彼が自らの名に冠した聖トマスが，『神学大全』でおこなったテクニックでもあったのである．

ところで理論的にいうならば，いま述べた論難の術はそっくりそのまま自説にも適用されるべきものである．しかし聖トマスのヨハンネスはそうすることを勧めていない．そして聖トマスも彼の著作では自説つまり自らの提出した三段論法に対してはそのような吟味をおこなっていない．しかしそれは，彼の著作の中にそうした吟味のプロセスが載せられていないだけであって，彼の議論が全く吟味を蒙っていない甘いものだというわけではない．確かにトマスの著作を見ると，自説には吟味をおこなわず，異論に対してのみ厳しい吟味をおこなったうえで，それを否認し，打倒しているのであって，討論としてはいささかシンメトリーを欠き，したがってフェアーでないような印象を与える．しかしトマスの体系は，実は一つの問題をめぐって是か非かの両方にわかれて双方が激しい攻防をくりかえした後に生まれた結果をまとめ上げたものであり，初めの段階では，他方の主張を叩くだけでなく自分の主張の方も叩かれているはずで，トマスの体系における彼のテーゼの証明は，敵方からの攻撃に耐え抜いたものだけを，敵の攻撃の方は省略してしまって簡潔に書き記されたものだと推定できよう．

神学的証明の性格

このようにトマスが自説に対しておこなった証明は十分な吟味を経たものであるといえるが，しかしそうした証明が絶対に正し

いものだということはできない．確かにトマスの証明は，三段論法の大前提が是認され，さらに小前提も是認され，ついで推断の妥当性が是認され，その結果導き出された結論にはなんらあいまいなところがなく，誤って解釈されるなんの余地も残さないという，何重もの関門を通過したものである．しかし，それでもそこに居合わせなかった後代の誰かが，前提の真理性に異議を唱えたり，推論の妥当性を否認したりするということは十分ありうる．いやありうるどころか，実際に異議を唱えた学者がつぎつぎと出現するのである．例えばトマスによる神の存在証明のあるものはドゥンス・スコトゥスやオッカムらによって批判されたし，それよりずっと後のプロテスタントの立場からではあるが，カントによって批判された．しかしそれにもかかわらず，トマスの証明はトマス主義者と呼ばれるひとびとによっていまなお是認されているのは，そうしたトマス主義者たちが，トマスの証明の前提と推論の仕方をともに承認しているからである．

このように見てくると神学上の学派の対立は，結局テーゼの真偽を争うというよりは，前提の真偽や推論のやり方の妥当非妥当を承認するか否認するかということのちがいに帰する．それゆえ神学上のテーゼというものは，前提の真であることを承認するひとびとの集団によってのみ支えられているといわねばならないのであり，決して経験によって検証されるようなものとはいえないのである．そしてその意味で神学的テーゼというものはその本質において党派的なものだといわねばならないのである．

スコラ的論議と近代科学の方法

中世のスコラ的論議は昔から煩瑣なものであり，埓の明かないものだといわれてきた．これは近世のひとびとがスコラ学を批難したときの評言に始まる．さて討論というものはもちろん意見の

対立やくい違いを解決するためのものである．しかしそうした対立やくい違いに決着をつける方法は討論だけとは限らない．暴力を使うのは問題外として，近世のひとびとが新しく採用した方法は数学的方法と実験的方法の二つであった．

近代の記号論理学の祖といわれるライプニッツは，スコラ的な論争を延々と続けるのは止めにして，論者は互いに向かいあう状態から，90 度の回転をおこない，双方がともに 1 枚の黒板に向かい，"Calculemus(いっしょに計算しようではないか)"と呼びかけあうべきだと主張した．とはいえ，論争を計算によって解決するためには，論争そのものを記号化しなければならない．そして実際，ライプニッツは新しく記号の術(ars characteristica)，しかも"普遍的記号術"(characteristica universalis)を考案し，すべての論争を記号化し，計算化するというプランを立てたのである．

他方，近代物理学の祖といわれるガリレイは，物体落下の問題について，アリストテレスの説"重い物体ほど速く落ちる"に対抗して，自分の説である"重い物体も軽い物体も同時に落ちる"を提示したが，その際，彼はピサの斜塔から軽い木のたまと重い鉄のたまを落とすことによって，対立する 2 説に決着をつけたと伝えられる．そしてこの方法こそ，近代物理学にとって必要欠くべからざる実験的方法に他ならないのである．

中世的討論法の現代的意義

実際，そうした二つの方法の組み合わせによって自然科学は近世の初頭にテイク・オフを完了し，大空を高くはばたくのであるが，だからといってそうした二つの方法が万能であって，その他の方法は不必要だということにはならない．確かに 20 世紀初頭に出現した論理実証主義者もしくは論理的経験主義者は，論理的文と経験的文だけしか認めず，そのどちらでもない文は真理値を

もたないがゆえに学問的には意味のない文だとした．そして論理実証主義者はそうした意味のない文の代表として形而上学を挙げたが，それはそうすることによって古くさい形而上学というものを否定するためだったのである．

　しかしながら，論理的でもなく経験的でもない文は，形而上学的文だけではなく，神学的な文だってそうである．さらに倫理的，政治的，法律的な内容をもつ文章だってそうである．神学や形而上学の問題はもはや過去のものだと主張したところで，現代に生きているわれわれにとって倫理的，政治的，法律的問題までも無視するというわけにはいかない．とくにそうした問題をめぐって意見が対立した場合に，ことは重大である．そうした意見の対立は，問題の性質上，実験的方法によっても決着をつけられないし，論理的計算で簡単に黒白をつけられるものではない．だとすると，やはり中世のひとびとが神学の問題に対して使用した討論の方法を使わざるをえないであろう．そして実際，中世における討論の方法は，現代においても，議会における政治的討議や裁判における法律的な論争の中で生命を保っている．このように，その本性上価値的でそれゆえ党派的な問題を処理するのに，暴力ではなくて，理性的討論に頼るという態度は，今後とも絶対に守られねばならないものであって，これこそは西欧中世が後世に残してくれた貴重な遺産だというべきなのである．

第3章　近世論理学の性格

近世論理学の一つの流派としてのラミスト的論理学

　この章で論じようとする近世論理学は，次章で論じる近代論理学とはっきり区別される．近代論理学はライプニッツに始まり，ブールやシュレーダーそしてさらにはフレーゲやラッセルにつながる数学的論理学を意味する．これに反し，近世論理学はそうした系譜とは全く没交渉に成立した極めて特異な性格をもつ論理学である．近代論理学が数学と切っても切れない関係にあるのに反し，近世論理学は修辞学や哲学と関係をもつ．近世論理学は論理学としては近代論理学にくらべて遥かに劣っており，場合によっては論理学とはいえないくらいにまで低落する．

　さて近世論理学の性格をもっとも鮮明に示しているものとして，ペトルス・ラムスの論理学，およびそれから出発するラミスト系論理学をとりあげよう．ペトルス・ラムスは16世紀のフランスの論理学者ピエール・ド・ラメのラテン名であるが，彼は"アリストテレスのいっていることはみんなまちがいだ"という宣言を発して，アリストテレス的論理学に猛烈な戦いをいどんだ．スコラ論理学はアリストテレスの論理学を全面的にとりこんでいるから，アリストテレス論理学の否定は同時に中世的スコラ論理学の否定を意味する．

　さてそうした立場に立つラミストの論理学の性格を一言で表現すれば修辞学的論理学だといえるだろう．修辞学はギリシア，ローマで栄えた学問であり，雄弁術と美文作成術のことである．しかしこの二つの術は中世では不必要な術であった．というのも，

中世では,聖書の解釈術と,解釈の分裂を解決する論争術だけが必要とされたからである.ところでヨーロッパ・ルネッサンスとは中世を否定し,古代のギリシア・ローマ文化に復帰する運動である.それゆえ修辞学的論理学であるラミストの論理学は,まさにそうしたルネッサンスが生んだ文字どおりの近世的論理学だといってよいであろう.

ラムスの拠点の論理学

さてラムスのこの修辞学的論理学をさらに厳密に規定するならば,拠点の論理学あるいはトポスの論理学といえるであろう.そこでまず,ラムスの拠点論,トポス論の内容を紹介しよう.そしてそれは以下のような表によって示すことができる.

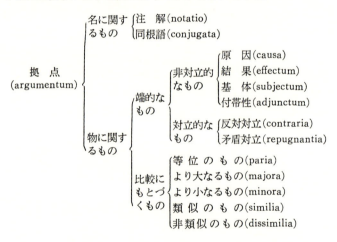

ここでいう拠点(argumentum)とは,第Ⅱ部第1章で述べたトポスと同じものである.そこでの説明をくり返すならば,トポスとは本来,場所という意味であるが,いまの場合は hunting place つまり,そこへ行けばたくさんの猟獣がいて,猟がしやす

い場所という意味であり,しかもそれを論理学に比喩的に使用したものである.つぎの推論を例として説明しよう.

(1) なんであれそのものについて注解項が述語づけられる場合,そのものについて被注解項もまた述語づけられる.

(2) ソクラテスは知を愛する者である.

(3) ゆえにソクラテスは哲学者である.

この推論はもちろん結論(3)を引き出すためにおこなわれたものである.ところで結論を引き出すためには前提が必要である.したがって問題となっている結論を引き出しうるに足るよい前提を探し出さなければならない.そしていまの場合,うまいぐあいに"ソクラテスは知を愛する者である"が見つかった.しかしこの(2)だけからでは(3)は導き出せない.もう一つの前提がどうしても必要である.そしてその前提を発見できる場所が(1)だったのである.というのも,(1)という場所の中には,"なんであれ,そのものについて知を愛する者が述語づけられる場合,そのものについて哲学者もまた述語づけられる"(1′)という命題が含まれているからである.このようにして(1′)が得られると,(1)のかわりに(1′)を使っておこなわれる推論(1′),(2),(3)はつぎのような推論形式をもつことになる.

$$\frac{(x)(f(x) \to g(x))}{g(a)} \quad f(a)$$

そしてこの推論形式は限量論理学における妥当な式であるから,(1′),(2),(3)からなる推論もまた妥当であるといえるのである.

このようにして,(1)は(1′)を見つけ出すことのできる場所つまりトポスだということができ,さらにまたこの(1)は(1′),(2),(3)からなる推論の拠り所となるという意味で拠点(argumentum)と

いうことができるのである．

　さて，いまの推論は，そうした拠点の第1である注解を使っておこなわれたものであった．しかしさきに挙げた表の同根語以下についても同じような推論をおこなうことができる．第2の同根語については，"正はよい．それゆえ正しいものはよい"がその例であり，"正"(the justice)と"正しいもの"(the just)は同根語である．そしてこれは"同根語の一方から他方へ"という拠点によっておこなわれたものである．第3は"原因から結果へ"という拠点によるものであって，"大工がすぐれている．ゆえに家はすぐれている"がその例である．第4の拠点は"結果から原因へ"であり，第5は"基体から付帯性へ"，第6は"付帯性から基体へ"である．第7は"反対対立の一方から他方へ"，第8は"矛盾対立の一方から他方へ"である．第8の例は"ソクラテスが坐っていることは真である．ゆえにソクラテスが坐っていないことは偽である"である．第9の拠点は"等位のものから等位のものへ"であり，第10は"より大なるものからより小なるものへ"である．そして第11はその逆の"より小なるものからより大なるものへ"であり，その例は"兵士でさえも城を攻略することができる．いわんや王においてをや"である．第12は"類似のものから類似のものへ"で，その例は"天から降ってくる雨は地を豊かにする．そしてそれと同じように神の口から出るみことばはひとを豊かにする"である．そして最後の第13は"非類似のものから非類似のものへ"であり，その例は"神はひとびとによって崇拝される．しかし偶像は神とは全く非類似的なので崇拝されない"である．

古代の弁論術的論理学の復興

　さて以上のような拠点的推論は，決してラムスが初めてつくりだしたものではない．最初の試みはアリストテレスの著書である

『弁論術』にまでさかのぼるといえる．実際，アリストテレスはそこで30個ほどのトポスつまり拠点を例挙している．そしてその中に例えば"より大なるものから"というトポスを挙げ，その例として"神々でさえすべてのことを知らない．いわんや人間においておや"をもちだしている．アリストテレスのこのトポス論はローマの哲学者兼弁論家であるキケロによって発展的に継承され，トポスの数はキケロの弁論術に関する著作ではアリストテレスの場合を遥かに凌ぐようになるのである．

さてラムスの修辞学的論理学は確かにそうしたキケロの弁論術的論理学の復興だといえるが，それは間接的にはまたアリストテレスの弁論術的論理学の復興でもあるといえる．とはいえ，この弁論術的論理学はアリストテレスの論理学の良質の部分とは決していえない．これはアリストテレス自身も認めているところであって，彼はトポス的推論は蓋然的な推論にすぎないと語っているのである．しかるにラムスはアリストテレスの論理学の良質の部分を軽んじ，逆にアリストテレスが重要視しなかった部分を称揚した．そしてラムスがアリストテレスに反抗したといえるのはまさにそうした意味においてなのである．

しかしながらラムスはなぜそれほどまでに修辞学的論理学を尊重したのだろうか．その理由として，第1にラムスの時代が文芸復興の時代，人文主義の時代だったということが挙げられる．この時代は文字どおり文芸の時代だったのであり，論理学さえも修辞学的であることが，そうした時代にふさわしかった．そしてラムスの論理学はそうした修辞学的論理学として古代ローマの雄弁術的論理学の遺産をそのまま利用できたのである．第2のそしてより本質的な理由は，アリストテレスが論理学の模範と考えた三段論法が余りにも形式的であったことに対する反撥である．そし

て形式的であることからくる内容の乏しさの穴埋めとして修辞学的論理学があてられたのである．実際，ラムスの論理学を読んでみると，修辞的論理学の例題として文学者や詩人の文章がいたるところで使われているのを発見するのである．

さきに(1), (2), (3)からなるトポス的推論の例をあげた．確かに(1′), (2), (3)からなる推論は純粋に形式的な推論であるが，(1), (2), (3)からなる方はそうではない．そしてこれがトポス的推論の重要な特性なのであって，そこには"注解項"，"被注解項"といった非形式論理学的な要素が含まれているのである．

このようにしてトポス的推論，拠点的推論は純粋の形式的推論ではなく，"注解"とか"原因"とか"基体"といった形式外的，素材的要素を含む推論であるということがわかった．つまり拠点的推論の核心は拠点にあるというわけである．実際，拠点的推論の分類は，"注解からという拠点"にもとづく推論とか，"原因からという拠点"にもとづく推論という形でおこなわれる．そして"注解から"はもちろん"注解項から被注解項へ"の省略である．また"原因から"も"原因から結果へ"の略である．しかしそうした省略はラムスにおいてはもっと進められるのであって，"注解から"，"原因から"は単に"注解"，"原因"になってしまう．そしてそのような形で拠点的推論の分類をおこなったのが前掲のラムスによる拠点の表なのである．

こうしてラムスの論理学，そしてその伝統を継ぐラミストの論理学は内容重視の論理学となり，論理学の生命である形式性を失っていく．実際，ラミストの論理学は，前掲の拠点の表に見られるように，原因，結果，付帯性といった諸概念の分類をその仕事とするようになる．とはいえ，ラミストはそうした諸概念を拠点的推論のコンテクストの中でとらえているという限りでは，推論

の研究を第一義とするという論理学者の本分を忘れてはいないといえるのである．

ラミストの論理学とピュリタニズム

さて論理学者ラムスはフランスのユグノーつまりプロテスタントであった．そして彼自身は1572年の歴史上有名な聖バーソロミューの虐殺事件で殺される．しかし彼の死後も彼の論理学はフランスのユグノーの間で信奉され続け，さらにドイツ，オランダに広がり，遂にイギリスのケンブリッジ大学で強固な地歩を築くにいたる．そして17世紀の英語においてラミズムとピュリタニズムが同義語だったことからしても，当時のイギリスでラミストの論理学とピュリタニズムとがいかに強く結びついていたかということがわかるのである．ピュリタンであったジョン・ミルトンは『パラダイス・ロスト』を書いたが，彼はまた1672年にラテン語の論理学書を著わしている．そしてこの書はまぎれもなくラミスト派の論理学の体裁をそなえているのである．またラミスト的論理学は，ピュリタンの渡米とともにアメリカに渡る．そしてニュー・イングランドのケンブリッジに建てられたハーバード大学を中心地として，新大陸のピュリタニズムとその分布を等しくする．

ラミストの論理学がこのようにピュリタンの間に広まったのは，ラムスがピュリタンであったということもあるが，もっと大きな理由として，プロテスタントたちが，その敵であるカトリックの神学およびその神学の予備学であるスコラ論理学を拒否したことが挙げられる．実際，新しく採用されたラミスト的論理学は，アリストテレス論理学を否定し，ひいてはスコラ論理学を否定する論理学だったのであり，これこそはプロテスタントにとってうってつけの論理学だったのである．

しかしながらラミストの論理学はピュリタンだけの独占物であったとはいえない．ラミスト的論理学はその本質において弁論術的であった．そしてこのことはラミストの論理学が，中世の釈義的方法にあきたらずに自己流の考えを自由に表現したいと欲していた近世のひとびとの要求に応じるものであったということを意味する．実際，イギリスではこのラミストの論理学は，法律家および弁護士のための論理学とか，牧師のための論理学という形で広まる．つまりラミスト的論理学が広く採り入れられたことの背後には，自己の権利を自由に主張できるイギリスの近世市民社会の出現と，自己の信仰を説教の形で自由に述べることのできるプロテスタンティズムの出現という二つの出来事が並び存していたのである．

近世論理学の第2の流派としてのポール・ロワイアル論理学

このようにラミストの論理学は，近世の市民意識やピュリタニズムと結びついて広がったという意味で，きわめて近世的な論理学だといえる．しかし近世論理学はラミストの論理学に限られるわけではない．そこで一応17世紀という時点に限定して近世ヨーロッパでの論理学の諸流派の対立状況を表にすればつぎのとおりとなるであろう．

```
┌プロテスタント──カルヴィニスト……ラミストの論理学
│            ┌ジャンセニスト(カトリック内のプロテスタント)……ポール・ロワイアル論理学
└カトリック  │
            └ジェスイット(反宗教改革者)……スコラ論理学
```

カルヴィニストと結びついたラミストの論理学については既に述べたから，つぎにジャンセニズムとポール・ロワイアル論理学との結びつきを述べよう．

ポール・ロワイアル論理学とは，アルノーとニコールによって

書き上げられ1662年にパリで刊行された『論理学別名思考の術』に対して与えられた通称であり，ポール・ロワイアルという名が付されたのは，二人の著者がともにポール・ロワイアリストだったからである．ところでポール・ロワイアルとはパリの郊外にあるカトリックの修道院のことであるが，アルノーもニコールもともにこの修道院の修道士であった．このポール・ロワイアル修道院はカトリックの修道院であるにはちがいないが，実はカトリックのうちでの進歩派，カトリック内のプロテスタントと呼ばれるジャンセニストの根拠地だったのであり，それゆえポール・ロワイアリストとはジャンセニストのことにほかならないのである．

ジャンセニズムの性格をいまのようにカトリック内のプロテスタンティズムだとすれば，このジャンセニズムはピュリタンを始めとするプロテスタントつまり宗教改革派と，それに真向から対立するジェスイットつまり反宗教改革派との中間に位置するといえる．ジャンセニズムのこうした宗派上の位置は，二人のジャンセニストによって書き上げられたポール・ロワイアル論理学の近世論理学の諸派の中での位置にぴったり対応する．すなわちポール・ロワイアル論理学は，もっとも急進的であるラミストの論理学のとった修辞学的論理学は採用しない．しかしながらジェスイット派のように中世的なスコラ論理学を死守するといった態度もとらない．ポール・ロワイアル論理学は自らの論理学の中心に三段論法を据えるのであって，ラミストの修辞学主義，雄弁術主義に較べると保守的であるが，釈義的スコラ的要素を多分にとどめているジェスイットの論理学に較べると革新的といえるのである．

イデーの論理学

ポール・ロワイアル論理学がこのように三段論法をその核心にしたとしても，三段論法そのものは既にアリストテレスがつくり

だしたものであり，中世論理学もそうした三段論法を採用しているのであって，別にこと新しいものではない．それゆえ，ポール・ロワイアル論理学における三段論法の新しさは三段論法の構造が新しく造りかえられたということを意味するのではなく，古い三段論法が新しい粧いをもって登場したということを意味するのである．

それでは三段論法の粧いがポール・ロワイアル論理学でどのようにして変ったのだろうか．アリストテレスにおいて三段論法の構成要素は horos (項) と protasis (命題) であった．中世の三段論法もそれを受けて，terminus (項) と propositio (命題) とからなるとされた．そしてこの二つのラテン語は英語ではそのまま term と proposition になり，ドイツ語では Wort と Satz と訳された．これに対し，ポール・ロワイアル論理学では三段論法は idée (観念)，jugement (判断) からなるとされ，この二つは英語では idea と judgement，ドイツ語では Begriff (概念) と Urteil (判断) とに翻訳された．そこでいまの古代・中世的な horos, terminus, Wort とポール・ロワイアル的な idée, idea, Begriff とを較べあわせてみよう．すると，前者が記号主義的，言語主義的であるのに対し，後者は人間主義的，心理主義的であることがわかる．そしてこのことは，中世の釈義的論理学から近世のヒューマニスティックな論理学への移行を鮮やかに示すものといえよう．

ここでポール・ロワイアル論理学が通称であって，その正式名は『論理学別名思考の術』(La Logique ou L'art de Penser) であることを想い出していただきたい．ポール・ロワイアル論理学は近世哲学の祖であるデカルトが『方法叙説』を出してから 20 年あまり後に刊行されたのであり，近世哲学の成立の直ぐ後で書かれたものだといえよう．しかしそれは単に時間的に近いというだ

けではなしに，ポール・ロワイアル論理学はその内容においてもデカルトの思想に強く影響されて書き上げられたものである．実際，『思考の術』でいう思考(penser)は，『方法叙説』に出てくる"われ考える，ゆえにわれあり"の中の"考える"(je pense)と決して無関係ではないのである．

このようにポール・ロワイアル論理学はもし中世論理学を"言語論理学"(Sprachlogik)だというならば"思考論理学"(Denklogik)だということができる．そしてこうした論理学は，"思考する存在"(ens cogitans)である人間をすべての中心に据える近世の人間主義的哲学にふさわしい論理学だといえるのである．

『ポール・ロワイアル論理学』の全ヨーロッパに対する普及は非常なものであって，フランス語のこの書物は刊行の4年後にラテン語に訳され，フランス語以外のヨーロッパ言語圏でも読まれるようになり，それから十数年後に英語訳が"Logic or the art of thinking"というタイトルでロンドンから刊行される．『ポール・ロワイアル論理学』は確かにジャンセニストによって書きあげられたものであった．しかし彼らジャンセニストはデカルトの哲学，デカルトの科学的方法論を大幅に採用してそれを書きあげたのであり，ポール・ロワイアル論理学は，デカルト哲学が宗派を越えてヨーロッパに広がったのと同じように，ジャンセニズムの狭い枠から抜け出して広範囲に広がっていくのである．

イデーをめぐる経験論と合理論の対立

ところでデカルト哲学は確かに近世哲学の代表であるが，しかし近世哲学はデカルト哲学だけに限られるものではない．デカルト哲学を合理論哲学とすれば，近世にはそれの好敵手である経験論哲学も誕生する．そうした経験論者の一人としてイギリスの哲学者ジョン・ロックを挙げることには誰も異存がなかろう．この

ロックは，idea つまり観念というものがデカルトのいうように生得的なものではなく，感覚的経験に起源をもつことを主張した．ロック自身は論理学書を書かなかったが，ロックの弟子のアイザック・ウォッツは，『論理学別名理性の正しい使用法』を1745年に刊行した．この書物は確かにポール・ロワイアル論理学の絶大な影響のもとに書かれたものであり，その構成もほとんど同じであるが，ただ『ポール・ロワイアル論理学』とちがう点は，ロックの教説に従って，idea（観念）を perception つまり知覚としてとらえていることである．つまりウォッツのこの書物は，合理論的な立場に立つ『ポール・ロワイアル論理学』を経験論風に塗りかえたものだということができるのである．

ロックとウォッツのこの経験論的論理学は，その後フランスに輸入される．そしてそれが極端な感覚論的論理学にまで仕立て上げられたのがコンディアックの著『思考の術について』(De l'art de penser)であり，デステュット・ド・トラシーの著『観念学の原理』(Eléments d'idéologie)である．特にデステュット・ド・トラシーは新しくイデオロジーということばを作ったが，これは文字どおりイデー（観念）の分析の学，観念の論理学であって，それはロックを経由して『ポール・ロワイアル論理学』にまでさかのぼることができるのである．

ポール・ロワイアル論理学はもちろん合理論的哲学者によっても継承された．ドイツ哲学の創始者であるヴォルフが書いたラテン語の教科書『論理学』(1728)では，三段論法は，notio（概念）と judicium（判断）からなるとされている．またカントが大学で講義用に使ったので『カントの論理学』と呼ばれているが実はマイヤーが書いた論理学の教科書でも，三段論法は，Begriff（概念）と Urteil（判断）からなるとされている．とはいえこれらの場合の

"概念"は経験論者のいう観念からははっきりと一線を画しうるものなのである.

このようにポール・ロワイアル論理学は経験論者によっても合理論者によっても継承される.しかしながら三段論法の構造そのものはどちらの論者が扱っても同じである.ちがうのは三段論法の究極的構成要素である観念をどう見るかという点だけである.実際,ポール・ロワイアル論理学の継承者たちの誰もが論理学の魂である形式的推論の問題はそっちのけにして,観念の本性如何について争ったのであり,そうした意味でポール・ロワイアル論理学は,近世の哲学的,特に認識論的論争の中にひきずりこまれてしまったといわねばならないのである.

このように,ラミスト的論理学もポール・ロワイアル論理学もさして優れた論理学とはいえない.中世論理学と較べるならば,そうした近世論理学は大いに見劣りがするものといわざるをえない.とはいえ,そうした近世論理学もまだ初期の段階では曲りなりにも論理学の名に価する実をそなえていた.しかしそうした論理学がドイツ観念論と手を握りあった段階ではもはや論理学たるの実を失ってしまう.そしてそこに出現したのがほかならぬヘーゲルの弁証法である.

スピノザの体系の論理的構造

近世論理学の最終的形態として登場するヘーゲル弁証法を扱う前に,まずスピノザの体系を見る必要がある.というのも,スピノザの体系こそはヘーゲルの論理体系の先駆をなすものだからである.

オランダの哲学者スピノザは,彼の死の2年前である1661年に,彼の主著『倫理学——幾何学的秩序によって証明された——』の草稿を書き上げた.この著作はその副題からして,確かにユー

クリッドの証明法つまり命題論理学による証明法を採っているが，実はこのこと自体が珍しいのではなしに，その著の内容の構造の方が珍しいのである．そこでこの『倫理学』の論理的構造を提示してみよう．ただしその際使用する論理学は図1で示されるようなクラス論理学である．まず次のような式をつくろう．

(1) $a \cup \bar{a} = I,\ a \cap \bar{a} = O$
(2) $b \cup \bar{b} = I,\ b \cap \bar{b} = O$
(3) $S = a = b$
(4) $M = \bar{a} = \bar{b}$

(1)は"存在するものは，それ自身に依存しているものであるか，それとも他のものに依存しているものであるかのどちらかである"(公理1)を意味する．(2)は"存在するものはそれ自身によって理解されるものであるか他のものによって理解してもらうものであるかのどちらかである"(公理2)を意味する．また(3)は"実体とはそれ自身に依存しているものである．また実体はそれ自身によって理解されるものである"(定義3)を意味する．(4)は"様態とは他のものに依存しているものである．また様態は他のものによって理解してもらうものである"(定義5)を意味する．

さて以上(1)〜(4)の4個の命題から $S \cup M = I, S \cap M = O$ つまり"存在するものは，実体かそれとも実体の様態かである"という結果が導き出される．ところで，以上のような5個の命題をハ

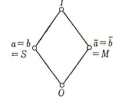

図66

ッセの図式にすると図66のとおりとなる．この図を図1と較べればただちにわかるように，$a=b$という形でaとbが合体した結果，複雑であった図1がかくも簡単な図式になってしまっているのである．

スピノザの体系における図66のような等式の連鎖はもっと伸ばされていく．すなわち，彼は，Sの連鎖に"自己自身を原因として存在するもの"，"自由なもの"，"無限なもの"，"永遠なるもの"等々を付け加え，Mの連鎖に"他に原因を仰いで存在するもの"，"強制されているもの"，"有限なもの"，"永遠でないもの"等々を付け加える．そしてスピノザは，以上のような連鎖を見れば誰にも納得できることであるが，Sつまり実体を神と等置し，Mつまり様態を神を除く万物と等置する．

このように2本の連鎖そのものはいくらでも長くなるが，しかしスピノザにおける宇宙の構造そのものは，図66よりも決して複雑にはならない．とはいえ，こうしたスピノザの単純きわまりない世界構造を用いれば，デカルト以来の難問である心身問題に一つの解答を与えることが可能である．すなわちデカルトは心身二元論を唱えたが，スピノザのいまのような体系では心身同一説が簡単に証明できる．そしてその証明は以下のとおりとなるであろう．

(5) "実体(＝神)"＝"思惟をもつもの"
(6) ゆえに"思惟をもつものの様態(＝心)"＝"様態"
(7) "実体(＝神)"＝"延長をもつもの"
(8) ゆえに"延長をもつものの様態(＝身体)"＝"様態"
(6)と(8)より"心"＝"身体"

実際，図66で考えると，心も身体もともにMつまり様態の側の鎖の一環につながれるのであり，このことは心と身体とが同一だ

ということにほかならない．

　こう見てくるとスピノザの哲学はきわめて単純である，いやむしろトリヴィアルであるとさえいえよう．すなわち，スピノザの存在論の世界をあらわすためには図66だけで十分なのであり，図1あるいはそれ以上に複雑な図はなにも必要でない．とはいえ，図66のような構造をもつだけでもまだましだというべきである．というのも図66ではaとbは合体したが，aと$\bar{a}$は区別されている．しかしaと$\bar{a}$とが合体し，aと$\bar{a}$が等置されれば，図66の構造は完全につぶれ，結局ただ一つの団子だけになってしまうのである．だとすると，そこにはもはや構造といえるものはなにもなくなってしまう．そしてこうした世界に対応するのが神秘主義者のもつ世界像にほかならない．

　神秘主義思想は古今東西にわたって枚挙にいとまがない．しかしルドルフ・オットーによれば神秘主義の論理とは，二つの論理的な根本原理，すなわち矛盾律と排中律を廃棄するものである．そうした状況をもっとも端的に示すことばがニコラウス・クザーヌスの"反対の一致"である．そしてそれはまた"矛盾の同一"ということにほかならない．そうした神秘主義的主張に対応する世界像は"万物一体"，"主客同一"，"闇夜ではいかなる色の牛も同じ色に見える"といったものである．とはいえスピノザの場合，確かに"万物融合"，"心身一如"が成立しているが，これは神の"様態"の世界においてであって，こうした世界と神の世界とははっきり区別されているのである．

ヘーゲルの体系の論理的構造

　さて"闇夜ではいかなる色の牛も同じ色に見える"ということばは，ヘーゲルがシェリングの同一哲学なるものに投げかけた悪罵であるが，そのヘーゲル自身，シェリングに負けず劣らずの神

秘主義者振りを発揮しているので,こんどはヘーゲルの論理,つまり弁証法なるものの本性をあばき出してみよう.その構造は前に述べたスピノザのものよりも遥かに簡単である.まず次のような式が成り立つことをヘーゲルの『小論理学』のことばにもとづいて示そう.ただし数字は節の番号を示す.

(1)　$S = a$

(2)　$S = b$

(3)　$a = b$

(1)はヘーゲルのことば"絶対者は存在である"(§86)を意味する.(2)は"絶対者は無である"(§87)を意味する.そして(3)は"存在と無は同じものである"(§88)を意味する.以上三つの式は$S=a=b$にまとめられる.そしてこの式は形だけからいえば,前のスピノザの場合の(3)に相当する.しかしここに重大な相違点がある.スピノザの場合,Sは実体であって,それと矛盾対立するMつまり様相があった.しかしヘーゲルの場合,Sは絶対者であり,世界は絶対者の発現にすぎず,絶対者に対立するものはなにも存在しない.それゆえヘーゲルの存在論を図であらわせば,スピノザの場合に見られた図66のようにはならず,全くの団子になってしまうのである.

さてヘーゲルはいわゆる三つ組という形で論理的諸規定を展開している.それゆえいまの場合も存在はテーゼ,無はアンチテーゼであり,さらにこれに生成がジュンテーゼとしてつけ加えられる.ところでジュンテーゼであるが,ヘーゲルによれば生成は存在と無の統一である.統一ということばでなにを意味するかは定かでないが,一応$a \cap b$としておこう.しかし$a \cup b$としても同じことである.なぜなら$a=b$によって$a \cap b = a \cup b$が成り立つからである.こうして$c = a \cap b = a \cup b$とすれば,$a \cap b = a \cup b = a = b$

であるから $c=a=b$ が成り立つ. それゆえもちろん $S=c$ も成り立つ. こうして存在と無の綜合である生成は, 絶対者 S の第3番目の論理的規定だということになる. ところでヘーゲルは, 一方では"存在と無は同じものだ"といったが, 他方では"無は存在の正反対だ"ともいっている. だとすると $a=b$ であり, $b=\bar{a}$ なのだから $a=\bar{a}$ だということになる. しかし万物一体のヘーゲルの神秘思想体系の中では $a=\bar{a}$ の成立は至極当然であって, なんら驚くに当らないことだといわねばならない.

このようにしてヘーゲルの体系では a から $\bar{a}$ にいたり, ついでこれら両者の綜合にいたるという外見をとるが, その実, それら三者は全く同一のものにすぎないのである. しかもこの三つ組を構成する三者間の等置関係は, それだけで終るものではない. そうした三つ組が全部で9個あり, それゆえ結局 $3\times9=27$ 個の論理的諸規定が絶対者の述語とされ, それら諸述語は全部等号で結ばれるのである.

さっきは存在, 無, 生成の三つ組を例にしたが, こんどは質, 量, 質的量の三つ組をとりあげよう. この三つとも絶対者の述語となるという点ではご多分に洩れない. さて質的量についてであるが, これはヘーゲルのことばを借りれば質と量との統一であり, この質と量の統一を質的量の文字どおりの意味, つまり質をもった量と考えれば別に異議の申し立てようがない. つまりその場合, 質を a, 量を b とすれば, 質をもった量は $a\cap b$ とあらわせる. しかしヘーゲルはそうした常識的見解から抜け出て, 質的量の中で量と質とは互いに転化しあうという. そしてこういう特殊ないい方は, 存在と無が生成の中で互いに転化しあうといういい方と同じである. とはいえ, そうしたことがいえるのも $a=b=a\cap b$ が成立しているからこそであって, ヘーゲル自身も質, 量および

質的量は，その実，不動のものではなくて互いに移行しあうものだと語っているのである．

ヘーゲルの主張は団子でシンボライズされるような万物一体の特別の世界では確かに妥当する．しかし万物がそれぞれ区別をもっている常識的世界では妥当しない．実際，"存在と無は同じものである"などということが成り立たないことは自明である．それゆえヘーゲルの発するパラドクシカルなことばは，すべて悟性的世界，つまり常識的世界では誤謬である．とはいえ，そうした誤謬が全く無意味だというわけではない．ちょうど古代ギリシアのソピストたちがあやつったさまざまの誤謬に対する対策としてアリストテレスの論理学が生まれてきたように，ヘーゲルの奇矯で病的な立言をヒントにして，常識的世界で十分通用するような理論をつくりだすことは可能である．

このように無意味ではないが奇怪きわまりないヘーゲルの論理学はいったいどのようなヨーロッパ的伝統のもとで生まれたのだろうか．その一つの源泉は，いままで述べてきたようにスピノザの哲学体系である．しかしもう一つの源泉として，ラミスト的論理学とポール・ロワイアル系論理学からなる近世論理学を挙げなければならない．ところでこの二つの系統の論理学はまずカントの哲学体系の中で融合し，その後のドイツ観念論の中にとりこまれる．そこでまずカントの体系，特にそのカテゴリー論の中でそうしたことを見ることにしよう．

カントのカテゴリー表とポール・ロワイアル論理学

カントは『純粋理性批判』で，有名なカテゴリー表をつくったが，それは次頁上の表のようなものである．

そうしたカテゴリー表はアリストテレスのつくりあげた10個のカテゴリーと一部重なりあうところもあるが，それとは異なる

1	量	単一性 / 数多性 / 総体性
2	質	実在性 / 否定性 / 制限性
3	関係	実体と偶有性 / 原因と結果 / 能動者と受動者の相互作用
4	様相	可能性――不可能性 / 現実性――非存在 / 必然性――偶然性

独特なものであることは明らかである．そもそもアリストテレスではカテゴリーは存在の諸形態だとされているが，カントではカテゴリーは概念だとされている．そしてカントがカテゴリーをそのように把握したということは，カントがポール・ロワイアル系の論理学の圏内で彼のカテゴリー論を展開したということを物語っている．というのもポール・ロワイアル論理学では前述のよう

1	量	全称的 / 特称的 / 単称的
2	質	肯定的 / 否定的 / 無限的
3	関係	定言的 / 仮言的 / 選言的
4	様相	蓋然的 / 実然的 / 必然的

に概念が論理学の基本的単位とされているからである．ポール・ロワイアル論理学では推論の基本として，概念についで判断もまた重要視される．そしていま述べたカントのカテゴリー表は，そうした判断の表からつくられたものなのである．そしてその判断表は前頁下の表のとおりである．

実際，ポール・ロワイアル論理学では判断には全称と特称と単称という量があり，肯定と否定という質があると述べられている．また判断には可能性や必然性といった様相があると述べられている．また判断と判断は仮言的関係や選言的関係で結合されると述べられている．カントは以上のような論理学的知識をもとにし，それを増補したうえでそのような判断表をつくりあげ，この判断表をもとにして，さらに概念表つまりカテゴリー表をつくりあげたのである．とはいえ，カントのそうしたカテゴリー表の作成の仕方はいささか強引である．4の様相の場合はそれでいいとして，他の三つの場合の対応づけは単なるこじつけだといって過言ではなかろう．

カントのカテゴリー表とラミスト的論理学

このようにして，カントは一応ポール・ロワイアル系の論理学から出発して，独自のカテゴリー表をつくりあげるのであるが，しかしその過程でポール・ロワイアル論理学の枠を大胆に踏み越えてしまう．そしてこれと同じことがラミスト系の論理学についてもいえるのであり，カントはさっきのカテゴリー表の作成に，以下に述べるようにラミスト的論理学をも使用するが，しかもそれにとらわれることなく新しい自由の天地をつくりあげるのである．

さて先に挙げたカテゴリー表における各カテゴリーは確かに概念であったが，しかしカントはまたそれを Moment とも呼んだ．

すなわちカントはカテゴリー表をTafel（表）と呼び，その表の1, 2, 3, 4のそれぞれをTitel（綱目．英語のタイトル．英訳ではhead つまり項目）と呼び，1, 2, 3, 4のそれぞれを3分割したものをMoment（この語はヘーゲル哲学の研究者の間では契機などと訳するが，その真意は英訳のsubdivisionに尽きる．それゆえまた英語のサブタイトル）と呼んだ．そしてカントのそうした呼び方は，彼のカテゴリー論の作成がラミスト的論理学の影響下でおこなわれたということをはっきり物語るものである．

ここで前掲のラムスの拠点表にもどろう．この表はラテン語ではtabulaといわれる．ただしこの表に含まれているのはすべて拠点である．しかしこの拠点は表で見る限りもはや拠点的推論の論拠を意味するというよりは，そうした諸論拠の"題目"，"見出し"を意味するといえる．そして実際それらはheading, item つまり"事項"，"項目"とも呼ばれるのである．

拠点はまたトポスともいう．このトポスはその場合，獲物がたくさん隠れているところという意味であった．それゆえトポスはまたpigeon-holeつまり机の引き出し，整理棚などという意味に使われるにいたるのは自然のことであろう．というのも，そうしたボックスには，いろいろの情報が分類しておさめられていて，各種の情報が群をなしてひそんでいるからである．ところでそうしたいくつかの引き出し，いくつかのボックスには，そこにどういう情報が入っているかを示すラベルが貼ってあることが普通である．それゆえ，トポスはまたlabelまたはindexつまり指標あるいは索引という意味にも使われるようになる．

ラムスの表を見ればわかるように，それは単なる表ではなくて，分類表である．しかもそれは原則として2分法的分類をとっている．2分法といえば，これはプラトンが開発したものであった．

しかし単なる2分法だけというのであれば、プラトンの場合でもラムスの場合でも、論理学とは認められない。というのも論理学の本来の任務は推論であって、事物をいくら細かくそして正確に分類しても、それは単なる目録づくりにすぎない。それゆえ、そうしたカタログづくりに精を出したラミストの論理学は、たとい2分法のようなテクニックを使っているとしても、アリストテレスの論理学以前のプラトンの段階にまで戻ってしまっているといわなければならない。

さて前にあげたラムスの分類表は、確かに拠点を分類した表である。しかしラミストたちはやがて、ありとあらゆる事柄についてそうした分類を試みるようになる。しかも単に2分法だけでなくて、3分法、4分法等々をも使いだす。そしてそうした分類を例の中括弧({)を使って表示する。こうなってくると、トポスということばの英語訳である place つまり拠点も、commonplace つまり平凡で陳腐な語句といったものにかわってしまう。そしてそれと並行して topica つまりトポス集、拠点集というものも topics つまり項目集、話題集といった非論理学的な意味になってしまう。

カントが彼のカテゴリー論において用いた Titel（綱目）の表といったものもそうした通俗化されたラミズムの影響下のことばであり、したがってカントが選びだした合計22個の項目も、アリストテレスのいくつかのカテゴリーあり、ラムスのいくつかの拠点あり、その他のニュー・フェースありであるが、要するにそれらがカントのいう重要概念でさえあれば一向にかまわないというわけなのである。

カテゴリー表とヘーゲル論理学

カントのカテゴリー論までくれば、ヘーゲルの論理学におけるカテゴリー論までは一跳びであろう。ヘーゲルはカントの3分法

を踏襲して『イェーナ論理学』においても『小論理学』においても，そしてさらに『大論理学』においてもカント式の3分法を機械的に3度重ねることによって$3^3=27$個のMomentつまり項目をつくりあげる．これら27個全部を例挙するのはわずらわしいしあまり意味もないので，3分割を2回でとどめたもののリストを示すと以下のようになる．

1　存在　｛質／量／質的量

2　本質　｛現存在の根拠としての本質／現象／現実性

3　概念　｛主観的概念／客観／理念

　表を見ればわかるように，そこでは合計12個のカテゴリーまたは項目が3分法によって分類されている．ところでこの表をわかりやすくするために図示をおこなってみれば図67のようになる．

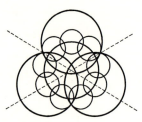

図67

　この図はヘーゲル自身のことば"多くの円からなる1個の円"にヒントを得て，筆者が描き上げたものである．もちろん3個の大きな円と9個の小さな円は，さっき挙げたヘーゲルのカテゴリ

一表に対応する．

前にヘーゲルの体系においては $a=b=c=\cdots$ というきわめて特異な式が成り立つと述べた．もちろんこんなことはラムスでもカントでも成り立たない．ヘーゲルはカントのような分類方式を悟性的だといってけなし，自分の体系こそはそうした悟性的段階を越え，理性的段階に達したものだという．とはいえ，こうしたヘーゲルの理性的立場なるものは，万物一体の神秘主義の立場の別名にすぎないのである．

ヘーゲルはいまの表で挙げた諸カテゴリーが，最初のカテゴリーを出発点としてつぎつぎと展開していき，その展開の最後の段階において，再び出発点に還帰すると述べている．ヘーゲルのそうした立言は図67できれいに表現することができる．簡単のために大きな三つの円を A, B, C であらわすと，$A=B=C$ であるが，この三つは，図に書きこまれた点線で折りたたむことによって，ぴったり重なり合った1個の円となる．このように折りたたまれた1個の円は，逆につぎつぎとひろげていくこともももちろん可能である．

さてこうした折りたたみと，その逆の展開は，昔からラテン語で implicatio と explicatio といわれてきた．またドイツ語では Einfaltung と Entfaltung という一対の語，Verwicklung（巻き込み）と Entwicklung（巻きほどき，発展）という一対の語であらわされてきた．そして英語では envelopment（封入）と development（発展）という語や involution と evolution という語が使われてきた．しかしヘーゲル自身は Entwicklung という語を好み，それゆえ彼の哲学は "発展の哲学" と呼ばれるのである．

ドイツ観念論とプロテスタンティズム

このようにして，あの壮大で華麗だといわれてきたヘーゲルの

論理体系のトリックが明らかになった．そしてそれはまたヘーゲルのいう弁証法なるものの手品の種あかしができたということにほかならない．とはいえヘーゲルのトリックはあまりにも簡単であった．ヘーゲルの体系は論理学の名に価しないくらい単純なものといわねばならない．しかし近世論理学がドイツ観念論と手を結ぶことによってこのように無残な結果を招いたのは，ドイツ観念論というものがプロテスタンティズムの所産であるという事実と無関係ではない．近代ドイツ哲学は教養あるプロテスタントの中産階級とくに牧師家庭が生みだしたものであるということはよく知られている事実である．極度に単純化していうならば，ドイツ観念論はプロテスタント神学の世俗化したものにほかならない．ところでプロテスタント神学は反中世主義的，反カトリック神学的という意味で党派的だといえる．だとする，とドイツ観念論もまた党派的であるのは当然である．

さて中世の神学者，カトリックの神学者は中世の優れた論理学を使って神学的議論をおこなった．しかし近世のプロテスタントの神学者たちは，カトリック神学を憎悪するあまり，中世論理学を受け容れることを肯んじなかった．実際ピュリタンたちは中世論理学を全面的に否定し，ラディカルではあるが程度の低いラミスト的論理学を採用した．ドイツのプロテスタントであるルター派はピュリタンに較べればやや保守的であり，それゆえ彼らはポール・ロワイアル論理学の系統に属するヴォルフの論理学を採用する．というのも，ヴォルフの論理学はヴォルフのもう一つの著作である『存在論』とともにスコラ的，アリストテレス的要素をかなりの程度に温存していたからである．しかしこうしたヴォルフ的な立場はドイツ・ピエチスムス(敬虔主義)からの攻撃を受けて徐々に後退していく．そしてヴォルフ自身がピエチストたちに

よってハレ大学から追放されたという事件は，そうした状況を象徴するものといえる．こうしたピエチスムスをカントもまた受け容れるのであり，カントの批判哲学によってヴォルフ流の存在論が抹殺され，ヴォルフ流の論理学もまたその運命を同じくするのである．

カントによって開かれた論理学無視の方向は，フィヒテ，シェリングを経てヘーゲルで窮まる．確かにヘーゲルはカント以来たどられてきた道については敏感であって，『大論理学』の冒頭で，存在論と論理学の虐待を嘆いてみせ，自分こそは新しい存在論，新しい論理学をつくりだしたのだと自負しているが，そのできあがったものたるや，全然論理学の名に価しないものだといわねばならないのである．

ヘーゲル論理学と『資本論』

ヘーゲルの壮大にして華麗な体系は一時的には熱狂的な人気を獲得した．そしていわゆるヘーゲル学派なるものが生じる．しかしこの学派はやがて分裂をくりかえし，ヘーゲルの死後十数年にしてほぼ消滅する．それゆえヘーゲルの弁証法が全ヨーロッパの思想界を一色に塗りつぶしたというようなことは決してない．しかしここで注意しなくてはならないのはヘーゲルの論理体系がマルクスの『資本論』によって利用され，これがその後世界を2分するほどの勢力をもつに至った事実である．そこで簡単ではあるが『資本論』の論理構造に触れることにしよう．

マルクスの『資本論』はかなりの程度においてヘーゲルの『論理学』を利用している．いまはただ1例だけについて論じることにしよう．

マルクスは『資本論』の初めの部分で商品の分析をおこなっている．そしてつぎのような三つの命題を立てている．

(1) すべての商品は使用価値をもつ.
(2) すべての商品は交換価値をもつ.
(3) すべての商品は労働価値をもつ.

そしてマルクスはこうした三つの命題を，ヘーゲルのつぎの三つの命題に重ね合わせている.

(1′) 絶対者は質である.
(2′) 絶対者は量である.
(3′) 絶対者は質的量である.

ところで(1′), (2′), (3′)についてはヘーゲルの体系を論じたときに触れたが，そのときの結果を利用するならば，ヘーゲルにおいては質＝量＝質的量という式が成立している．だとすると，マルクスの場合も使用価値＝交換価値＝労働価値という式が成立するのは当然である．そしてこの式がマルクスの労働価値説の核心をなす式であるといえる．

さて労働価値説については昔からつぎのような批判があった．すなわち労働価値説は価値＝労働価値という等式を主張するものである．だとすると，土地やダイヤモンドのように人力がつくりだしたものでないものは価値でないことになる．しかし通念ではそれらのものはやはり価値あるものとされている．それゆえ労働価値説は価値の全貌を把握したものではない．

とはいえ，マルクスはこうした批判を蒙るような説をなぜ出したのだろうか．それはもちろん剰余価値の搾取というものを説明せんとする目的のためであった．とはいえ，価値＝労働価値という等式を多くのひとびとに容易に受け容れさせたことの背後には，さきに述べた使用価値＝交換価値＝労働価値という等式が潜んでいたのである．マルクス主義の弁証法についてはまだまだ触れねばならない点が多いが，それは本書の目的である形式論理学の歴

史という仕事からはそれるので，以上で止めておくことにしよう．

近世スコラの論理学

　前に近世論理学の諸流派をラミスト的論理学の流派とポール・ロワイアル論理学の流派とジェスイット的，近世スコラ的論理学の流派に3分した．そして前二者の流れについては一応語り終った．そこで最後の近世スコラの論理学について述べることにしよう．近世になってもヨーロッパにカトリック教団が一大勢力をもって存続していたから，そうした勢力圏内で，中世神学，中世論理学の伝統が保存されたことは当然である．ただ時代に即応して，神学は近世スコラ神学，哲学はネオ・スコラ主義といったふうにニュー・ルックをまとうようになった．デカルト的哲学のうえに立つポール・ロワイアル論理学を，もちろん全部ではないが，部分的に採り入れるという努力もおこなわれた．とはいえ，近世のスコラ論理学は決して中世論理学に対してオリジナルな業績を付け加えるということはできなかった．ただ中世論理学の水準を辛うじて維持するといった程度であった．しかしそれだけでも，当時の近世論理学の他の流派に較べれば高い水準だったといえる．このように，近世スコラの論理学は中世論理学の伝統の火を断やさなかったという点に意義があるのだが，さらには，自らが維持してきた地盤を足がかりとして提供することによって幾人もの独創的な論理学者を出現させたという点にも大きな意義があったといえる．

　デカルトは中世論理学のすべてを否定することによって，それ以後の近世哲学者たちの論理学軽視の風潮をつくりだしたといえる．しかしそれには例外も存するのであって，ライプニッツはまぎれもなく近世的な哲学者であるが，中世論理学をいたずらに毛嫌いすることなく，その優秀性を認め，自らの構想になる"普遍

的記号学"(characteristica universalis)の中にとりこもうとした．ライプニッツのこうした態度と，カトリックとプロテスタントを和解させようとした彼の態度とは決して無関係とはいえないであろう．

カトリック文化圏とボルツァーノ

ライプニッツの後にあらわれた第2の偉大な近世論理学者はボルツァーノである．彼の著作である『論理学』(Wissenschaftslehre) 4巻は中世論理学の水準をはるかに越えきわめてオリジナルで優れた形式論理学の書であるが，そうした偉大な論理学者がカトリック文化圏であるチェコスロバキアに生まれたということは決して偶然とはいえない．というのも，ボルツァーノはカトリック的，スコラ的な教養の中で育ち，プロテスタント的なドイツ観念論に対して激しい敵意をもっていた人だからである．ボルツァーノの論理学的な系譜はオーストリアの心理学者兼論理学者ブレンターノにつながり，ブレンターノ学派に属する心理学者兼論理学者であるポーランドのトヴァルドフスキーを経て，ポーランド学派といわれる優れた論理学者ルカジェヴィッツやタルスキーにまで達する．そしてこのポーランドもまたカトリック圏内に属していることに注目すべきであろう．

このように優れた論理学者たちが東欧のカトリック文化圏から生まれたことは事実であるが，そうした優れた論理学がカトリック的地盤だけから生まれたと速断することはまちがいである．このことはライプニッツもボルツァーノもともに優れた数学者であったこと，そしてポーランド学派の論理学者たちも例外なく数学に堪能だったことからも明らかである．

ボルツァーノは彼より10歳余り年長だったヘーゲルを激しく攻撃した．ボルツァーノの眼にはヘーゲルの論理学の全体系はも

ちろんのこと，彼の片言隻句といえども甚だ気に障るものだったのであろう．例えばヘーゲルの好む表現"運動とは質点 M が同じ瞬間に同じ場所 m にあり，そして，ないことである"を論理学の自殺だときめつけ，運動はそうした矛盾律を犯さなくてもつぎのようにして正しく把握できると主張した．"質点 M が一定の時間 T に運動するとは，M が同一の場所に静止するような T の部分 t は一つも存在しないということである".

以上のようなボルツァーノのヘーゲル攻撃の一齣は，近世ヨーロッパにはドイツ観念論と対抗するきわめて健全できわめて豊かな論理思想が厳存していたということを象徴的に物語るものであり，19世紀の全ヨーロッパの思想状況を理解するうえで絶好の材料だといってもよいであろう．

第4章　近代論理学の性格

数学の侍女としての論理学

中世論理学の性格は前述のとおり神学の侍女ということばで表現された．すると近代論理学の性格は数学の侍女ということばで表現できるかもしれない．

実際，数学者は数学的命題の証明には必ず厳密な論理学を使用する．そこでその1例を以下に示そう．体系として四則演算の可能な公理系である体(Körper, field)をとろう．定理を証明するためには複数個の公理が必要であるが，一応つぎのような公理を掲げよう．そしてそこでの $a, b, \cdots$ は任意の実数だということにしよう．

　　A1.　$a+b = b+a$
　　A2.　$a \times b = b \times a$
　　A3.　$a \times (b+c) = (a \times b) + (a \times c)$

もちろん体の公理系の公理の数は全部で十数個あるが，以上三つの公理だけでも例えば $(a+b)(c+d) = ac+ad+bc+bd$ といった定理を証明できる．そしてその証明の仕方はつぎのとおりである．

　　　$(a+b)(c+d)$
1 　$= e(c+d)$ ……$a+b=e$ と置くことによって
2 　$= ec+ed$ ……A3によって
3 　$= ce+de$ ……A2によって
4 　$= c(a+b)+d(a+b)$ ……$e=a+b$ と置くことによって
5 　$= ca+cb+da+db$ ……A3によって
6 　$= ac+bc+ad+bd$ ……A2によって

7 　$= ac+ad+bc+bd$……A1によって

以上のような証明は数学者がやる方法である．ところでそうした証明は確かに厳密であるように見えるが，論理学者ならそれだけではまだ満足しない．論理学者はいま述べた三つの公理とは別に，なおつぎのような論理的規則を要請する．ただしそこで使われる大文字 $L, M, \cdots$ は"＝"を含まない数式を意味し，$x, y, \cdots, x', y', \cdots$ は任意の実数を意味する．また例えば $L\langle x, y\rangle$ は数式 L に x と y が含まれていることを意味する．

Ⅰ　$x=x', y=y', \cdots$ ならば $L\langle x, y, \cdots\rangle = L\langle x', y', \cdots\rangle$

Ⅱ　$L\langle x, y, \cdots\rangle = M\langle x, y, \cdots\rangle$ が公理であり，$x=x', y=y', \cdots$ ならば，$L\langle x', y', \cdots\rangle = M\langle x', y', \cdots\rangle$

Ⅲ　$L=M$ で，かつ $M=N$ ならば $L=N$

以上のような論理規則のうち規則Ⅰはさっきの第1ステップと第4ステップに使われる．また規則Ⅱは 2, 3, 5, 6, 7 ステップに使われる．そして最後に規則Ⅲを使うことによって $(a+b)(c+d) = ac+ad+bc+bd$ という等式が真なるものとなるのである．

さていま挙げた規則Ⅰ, Ⅱ, Ⅲは，それぞれ"ならば"や"かつ"といった命題論理学における結合詞を含んでいるといった意味で"論理的"といってよいであろう．そして，いまのような証明においてそうした論理規則を使用しているという意味で，数学的証明もまた，論理学を使用しているということができるのである．

とはいえ，数学の証明に対する論理学の適用はいまに始まったことではない．前にも述べたように，すでに古代ギリシアにおいて，ユークリッドが『幾何学原論』の中でおこなっていることである．もちろんユークリッドはいま述べたようにあからさまな形で論理学を使用してはいない．しかしユークリッドの証明はすべて正確な論理的操作に従って遂行されているのである．そしてそ

ういう意味では，論理学が数学の侍女であるということは必ずしも近代論理学に限られた特徴とはいえないであろう．

算術の論理学的基礎

論理学，特に命題論理学を証明に使うという場合は，論理学はその適用対象に対して全く外的な関係を保つだけである．しかしそれとは別に数学的な体系そのものの中に論理学が深く浸透していき，その体系を内部から支えるといったケースも存在する．そしてそれがフレーゲとラッセルがおこなった算術の論理学的基礎づけという仕事である．

彼らの仕事はなかなか複雑で，その詳細を述べるわけにいかないが，その一斑を実例について述べることにしよう．そしてその実例とは 1+3=4 というまぎれもない算術上の真なる式である．

さていきなり 1+3=4 といった式を扱うのは難しいから，まず“一人の人間と三人の人間を加えると四人となる”という命題，つまり 1 人+3 人=4 人といった式を扱おう．するとこれは図 68 のような仕方で表示できる．そこでの中括弧の記号は集合を意味する．

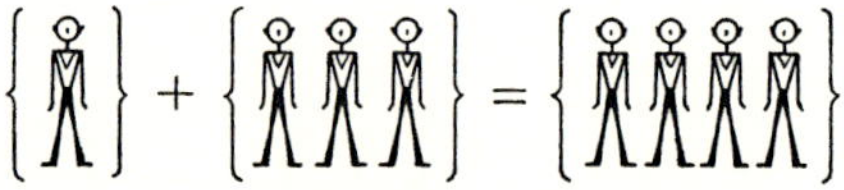

図 68

さて論理学には名辞論理学またはクラス論理学というものが存在することは第 I 部で述べたとおりである．ところで実はそのクラスというものといま述べた集合というものとの間には密接な関係がある．そしてそうしたクラスと集合，いいかえれば内包と外延の関係を例示したものが図 69 である．

図 69 の (b) は同一事態をクラスの面，内包の面から見たもので

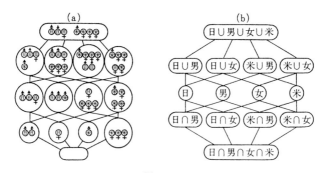

図 69

あり,(a)は集合の面,外延の面から見たものである.ただし図中の"日"は"日本人"を,"米"は"米国人"を指す.また♂は男を意味し,♀は女を意味する.ところでいま同一事態といったその事態とは,現存人類が数十億でなく,ただの七人だけという事態である.そしてそのうちわけは,日本人の男二人,女一人,米国人の男一人,女三人だとする.

さて図69で"日本人あるいは女"というクラスをとりだすと,それに対応する集合とは,日本人の男二人,日本人の女一人,米国人の男三人からなる集合だということになる.また"日本人でしかも男でしかも米国人でしかも女"というクラスをとり出すと,それに対応する集合は空集合となる.

さて図69の(a)と(b)はもちろん同型である.ところでこのうち(b)は図1の中にすっぽりと埋め込むことができる.ただし要素の数は,図69の方が2個だけ足りない.しかし実はその2個は図69になければならなかったものである.そしてその2個とは(日∩女)∪(米∩男)=(日∪男)∩(米∪女)と(日∩男)∪(米∩女)=(日∪女)∩(米∪男)であり,それらに対応する外延は"日本

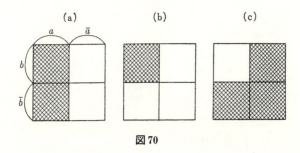

図70

人の女一人,米国人の男一人"と"日本人の男二人,米国人の女三人"である.とはいえ,そうした2個が省かれたについては理由がないわけではない.というのも図69(a)は実は日常しばしば使われる図10の副分類と図11の並立分類を基礎にしたものであり,これをさらに上方と下方に伸ばして,もう少し豊かな網目をつくりだしたものだからである.したがってこの図69は豊かだとはいえ,なお使用頻度のきわめて低い二つの要素は書き落とされていたというわけである.

外延と集合

さて,さきに図69(a)は外延または集合をあらわす図だといった.しかし厳密にいえば外延と集合は区別することができる.すなわち外延といえば,例えば図1におけるaの外延は図70の(a)の網目状の部分であり,abおよび$\bar{a}\cup\bar{b}$の外延はそれぞれ(b),(c)の網目状の部分である.ところで外延とはextensionの訳語であり,このextensionはまた延長という意味をもち,実際,図70の網目状の部分は平面つまり2次元の延長である.それゆえ(a),(b),(c)の網目状の部分はクラス$a, ab, a\cup b$の外延だといってよいであろう.しかしながら図69(a)の場合の各要素は,そうした延長体というよりは,何個かの個体の集まりである.そしてそれ

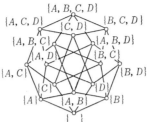

図71

こそは文字どおり集合の名にふさわしいものということができる. ちなみに外延の方が連続の立場に立つものだとすれば, 集合の方はアトムまたは要素の立場に立つものといえよう.

そこで, こんどはそうした集合というものの性格を考察しよう. するとそうした集合間どうしの関係は図71のとおりとなる. そしてこの図71は図1と完全に同型である. それゆえこの図はブール束をなす. つまりそれは16個の集合からなる半順序集合をつくるのである.

さて以上16個の要素のうち{ }は空集合, $\{A, B, C, D\}$は全集合である. また例えば$\{A, C\}$は$\{A, C, D\}$の真部分集合である. つまりこの両者は含む・含まれるの関係にある. そしてこの点ではこの両者は全順序である. しかし例えば$\{A, C\}$と$\{A, D\}$とはそうした含む・含まれるといった全順序の関係にはない. したがってそうした関係にある両者の間には図で見られるとおり$\{A, C\} \cap \{A, D\} = \{A\}$, $\{A, C\} \cup \{A, D\} = \{A, C, D\}$といった式が成立する. そして後者を二つの集合の和集合といい, 前者を積集合または共通集合という. さらにつけ加えるならば, 例えば$\{A, C\} \cap \{B, D\} = \{A, B, C, D\}$でありかつ$\{A, C\} \cap \{B, D\} = \{ \}$であるような関係にある$\{A, C\}$と$\{B, D\}$は互いに他の補集合であるといわれる.

以上のような長い準備を終えたのちに，最初の問題である1人＋3人＝4人の論理学的基礎づけにもどろう．さてこの加算は図69によって示されるが，しかしこうした演算のおこなわれているのが図の中で見られるのは，(日∩女)∪(米∩女)＝(女)の場合と(米∩男)∪(米∩女)＝(米)の場合の二つである．ところでこれら二つのケースに共通することは，(日∩女)∩(米∩女)および(米∩男)∩(米∩女)に対応する外延もしくは集合はゼロだということである．そしてこのことは，(日∩女)と(米∩女)は共通部分をもたない，つまり相互に完全に排他的であること，そして(米∩男)と(米∩女)も同様であることを意味する．それゆえ互いに排他的な二つのクラスが存在する場合，その選言は双方のクラスに対応する集合のメンバーの数学的和に対応するといえる．そしていま述べた2例はともに1人＋3人＝4人であったが，(日∩男)∪(日∩女)の場合および(日∩男)∪(米)の場合についていえば，その連言に対応する集合はともにゼロであり，したがって排他的なので，その選言の方は数学的和となり，そうした二つの選言に2人＋1人＝3人および2人＋4人＝6人が対応する．とはいえ，連言がただちに数学的和になるというためには，その連言を構成する要素が互いに排他的であるということが絶対的条件であり，そうでない場合は連言と数学的和は一致しない．そしてこれは，例えば確かに(日)∪(男)＝(日∪男)は成立するが，それに対応するのは3人＋3人＝6人ではなしに，3人＋3人≠4人なのであることからも明らかである．

　排他的な二つのクラスの連言が数学的和をなすということは，図72の(b)と(c)の連言つまり$ab\cup(\bar{a}\cup\bar{b})=I$が，(b)と(c)の網目状の部分の数学的和に対応することからもわかる．また集合一般という観点から見れば，図71において$\{A\}\cup\{C\}=\{A,C\}$，

$\{A, D\} \cup \{B, C\} = \{A, B, C, D\}$ 等々の場合のように互いに排他的な集合の和集合は，それぞれの集合の要素の算術的和からなる集合に等しいことが確認できる．しかしこれに反して，$\{A, C\} \cup \{A, D\} = \{A, C, D\}$ の場合のように連言を構成する二つの集合が非排他的な場合には，その和集合は，それぞれの集合の要素の算術的和からなるのではなく，それより少い要素からなるといわなければならない．

論理和による算術和の基礎づけ

このようにして，図71に見られるようないくつかの集合の半順序的集合において，和集合と呼ばれるものは数学的和による集合とは区別されるべきであり，特にこうした区別を強調する場合には和集合の方は"論理的和"，数学的和による集合の方は"算術的和"，または"数学的和"と呼ぶべきであろう．とはいえ，数学的和は繰り返し述べたように，排他的なクラスまたは集合の論理的和として定義できるのであるのであり，その意味では論理的和の方が数学的和よりもベーシックだといえるのである．

ここまでくれば問題の1人＋3人＝4人という算術式が論理和を使って論理的に構成できるということが十分理解できるであろう．しかしながらここで一つの重要な注意をつけ加える必要があ

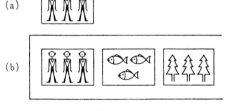

図 72

る.というのは図68における1人+3人=4人の例証は,あくまでも人間の個体と個体との加算であり,数と数どうしの加算つまり1+3=4ではないからである.とはいえ三人と3とのちがいはどこにあるのだろうか.三人も3もともに集合であることに変りはない.それゆえその両者を図示すれば図72のとおりとなる.

ここで(a)は三人の人間からなる集合をあらわす.しかし(a)のような集合は数"3"の1例ではあるが,数"3"そのものではない.数"3"とはそうしたすべての三つ組,つまり人間の三つ組,魚の三つ組,木の三つ組等々に共通な存在であり,それら各種の三つ組のすべてを要素として含むものだといわねばならない.ところで(a)は個々の人間を要素として含む集合であった.だとすると(b)は(a)のような集合を要素として含む集合でなければならない.ただしその場合(b)の要素は個体ではなくて,(a)のような集合であるから,(b)は単なる集合ではなくて集合の集合だといわねばならない.また(a)の集合の方は要素が3個であるが,(b)の集合

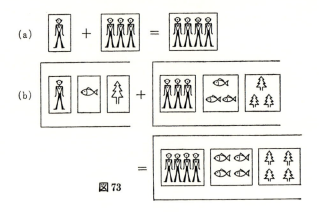

図73

の要素は無限である．それゆえ，そうした無限個の要素を紙面に描きこむわけにはいかないので，(b)における集合の集合を意味する外側の枠は閉じずにおかれたのである．

以上のようにして三人と3が区別できたとすれば1人+3人=4人と1+3=4は結局，図73の(a)と(b)のようになるであろう．ところで問題は1+3=4をあらわす(b)であるが，ここにおいて+という算術和は，相互に排他的なクラスまたは集合の選言という論理学的用語によって定義することができるし，集合という概念も，集合の集合という概念も，一応論理学が昔から扱ってきた概念であるといえる．それゆえ1+3=4という算術式は完全に論理学に還元可能だということができるし，逆にまた1+3=4は論理学的概念だけから組み立てることができるということもできるのである．

以上のような算術の論理化の着想とその実行は，まず1884年にフレーゲの著『算術の基礎』によって試みられ，その後それとは独立に，1910〜13年にかけて出版されたホワイトヘッドとラッセルの共著『数学の原理』によって完成された．これら三人の仕事は一応共通な哲学的立場に立ってなされたのであり，その立場とは"算術を論理学に還元する"もしくは"算術を論理学から導き出す"という立場である．それゆえそうした立場は一般に論理主義と呼ばれる．そしてこうした論理主義の立場に立てば，論理学はもはや数学の侍女というべきではなくて，論理学はむしろ数学の母であるというべきであろう．

論理学と電子計算機

論理学が必ずしも数学の侍女でないことを示すもう一つの例は，スイッチ回路を利用して四則演算を遂行するといったケースである．

電子計算機はいろいろな操作をおこなうが,そのうちでもっとも簡単な操作は四則演算である.まず掛け算の方を見ていこう.掛け算をおこなうスイッチ回路はいたって簡単で,図74のとおりである.

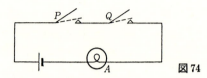

図74

図74においてPとQはスイッチでありAは電灯である.そして図によってただちにわかるように,そうしたスイッチ回路によって図75の表1が成立することが確かめられる.

表1

P	Q	A
on	on	on
on	off	off
off	on	off
off	off	off

表2

P	Q	A
1	1	1
1	0	0
0	1	0
0	0	0

表3

p	q	$p \& q$
T	T	T
T	F	F
F	T	F
F	F	F

図75

ただし表1のP, Q欄のonはスイッチを閉じること,offは開くことを意味し,A欄のonは点灯,offは消灯を意味する.つぎに表2であるが,そこでの1と0は二進法の数字としての1と0である.したがってこの表において$A = P \times Q$が成立していることがわかる.さらに表3においてp, qは命題を意味し,$p \& q$はpとqの連言を意味する.ただしTは真,Fは偽を意味する.

さて表1,表2,表3を較べてみると,この三者間に同型性が存在することがわかる.それゆえ,表1に見られるような直列回路のon, offの表と,表2に見られる二進法の掛け算の表と表3に見

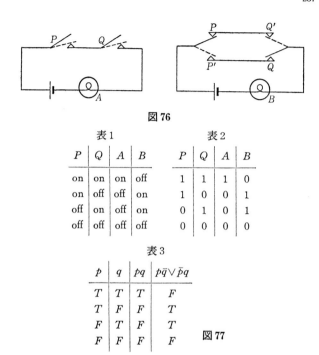

図76

表1

P	Q	A	B
on	on	on	off
on	off	off	on
off	on	off	on
off	off	off	off

表2

P	Q	A	B
1	1	1	0
1	0	0	1
0	1	0	1
0	0	0	0

表3

p	q	pq	$p\bar{q} \vee \bar{p}q$
T	T	T	F
T	F	F	T
F	T	F	T
F	F	F	F

図77

みられる連言命題の真理値表とはその構造を同じくし，その計算法は同一だといえる．

つぎに足し算の方を見よう．これは掛け算とちがっていささか複雑である．まず足し算のスイッチ回路は図76のとおりである．そして，この図から図77の表1が成り立つことを確かめることができる．

こんどの場合も表1,表2,表3が同型であることは明らかである．とはいえ表2, 表3はなにを意味するのだろうか．まず表2であるが，ここで $P+Q$ という計算の答えが A と B によってあ

らわされている．ただし A は二進法による自然数の最低位から2桁めの価を，B は最低位の桁の価を示す．したがって結局表2は，$1+1=10, 1+0=01, 0+1=01, 0+0=00$ を意味するが，これは $1+1=10, 1+0=1, 0+1=1, 0+0=0$ という二進法の足し算にほかならない．

さて問題は表3であるが，これを論じるためには，おそまきながら命題論理学における真理値表について触れねばならない．さてそうした真理値表は図78のとおりであるが，これはたとえば pq についていえば，p が真で q が真の場合 pq は真であり，p が真で q が偽の場合 pq は偽である等々を意味する．また $p \vee q$ についていえば，p も真，q も真の場合 $p \vee q$ は真である等々を意味する．ちなみに p も真，q も真の場合 $p \vee q$ は真であるというのは，非排他的選言のことである．また $\bar{p}$ については p が真のとき $\bar{p}$ は偽，p が偽のとき $\bar{p}$ は真を意味する．

表1

p	q	pq
T	T	T
T	F	F
F	T	F
F	F	F

表2

p	q	$p \vee q$
T	T	T
T	F	T
F	T	T
F	F	F

表3

p	$\bar{p}$
T	F
F	T

図78

さてそうした図78の表1〜表3を使えば，つぎのような仕方で図77表3の $p\bar{q} \vee \bar{p}q$ の欄の表を図79のようにしてつくることができる．ところで $p\bar{q} \vee \bar{p}q$ は実をいえば排他的選言のことである．そしてこのことは p が T，q が T のとき $p\bar{q} \vee \bar{p}q$ が偽となることからも明らかである．

p	q	$\bar{p}$	$\bar{q}$	$p\bar{q}$	$\bar{p}q$	$p\bar{q}\vee\bar{p}q$
T	T	F	F	F	F	F
T	F	F	T	T	F	T
F	T	T	F	F	T	T
F	F	T	T	F	F	F

図 79

直列・並列と連言・選言

さきに直列回路と連言命題が対応するといった．そしていま図76の右図が排他的選言命題に対応することがわかった．しかし図76の右図はかなり複雑である．そしてこのことは $p\bar{q}\vee\bar{p}q$ がかなり複雑な複合命題であることと照応する．とはいえ，選言命題といっても非排他的な選言命題には並列回路といういたって簡単な回路が対応する．それゆえ，スイッチ回路の理論において直列と並列がその基礎になるという事実と，論理学において，連言命題と非排他的選言がその基礎になるという事実とは互いにはっきりと照応しあうといえよう．

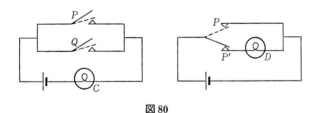

図 80

ところで論理学にはもう一つ否定という操作があるが，こうした論理的操作にもそれに対応するスイッチ回路が存在する．そこでそうした回路を並列回路とともに示せば図80のとおりとなる．そしてよく検べてみればわかるように図76の右図は図74および

図80の二つの図を適当に組みあわせてできたものであり,それは$pq \lor \bar{p}q$が,連言と否定と非排他的選言によって構成されたものであるのと全くパラレルなのである.

以上の事実からつぎのような結論が導き出せる.すなわち命題論理学における連言,選言(非排他的),否定は論理学における重要な単純操作であるが,これらのそれぞれを,スイッチ回路における単純な操作に対応させることができるのであり,それゆえ命題論理学のあらゆる式はスイッチ回路に置きかえることが可能である.この結論はさらに一般化できるのであって,論理学をその一部に含むブール代数の式もまたスイッチ回路に置きかえうるといえるのである.

さてスイッチ回路の理論は,電流の発見に伴って発達した.他方,ブール代数はそうした回路理論とは別個につくりあげられていた.とはいえこの二つの理論が互いに関連しあうものだという事実の発見は案外新しいのであって,アメリカの数学者 C. E. シャノンが1938年に「リレーおよびスイッチ回路の記号化による分析」という論文をアメリカ電気工学会紀要に掲載したのが最初である.シャノンによるこうした画期的な発見の結果,スイッチ回路はブール代数によって記号化され,逆にブール代数およびその一部分をなす論理学はスイッチ回路に乗せられることが可能となったのである.

スイッチ回路とハッセの図式

電気工学におけるスイッチ回路の理論がブール代数によって記号化されるとすれば,当然のこととして,スイッチ回路の構造はハッセの図式によって幾何学化できる.そして逆にハッセの図式に見られる構造をスイッチ回路によって表現することも可能である.

第4章 近代論理学の性格

図39は命題論理学をハッセの図式であらわしたものであるが，そこではpと$\bar{p}$がその双方の上方にあるTでつながっている．そしてこれは$p \vee \bar{p} = T$を意味し，さらにそれはpと$\bar{p}$からなる選言命題が恒真式であることを示している．しかし論理学のこの重要な法則である排中律をスイッチ回路で示せば図81のとおりとなる．つまりこの図はスイッチがPとP'のどちらに接続していても電灯はいつもついていることを意味する．

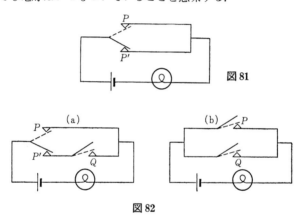

図81

図82

また論理学の定理の一つである"$p \vee \bar{p}q = p \vee q$"つまり吸収律はもちろん図39のハッセの図式で確認できるが，これをスイッチ回路であらわせば図82のようになる．ところでこの図の(a)と(b)においてPとQのon, offによる電灯の点滅の仕方は同じである．したがって(a)と(b)はスイッチ回路としては同等である．しかも構造は(a)より(b)の方が簡単であるから，スイッチ回路で(a)のようなものを発見すれば，(b)のような簡単なものにとりかえればよい．こうしたことは結局，スイッチ回路の作成に対して，論理学の定理をうまく利用したことだといえるであろう．そして

それはまた，より簡単なスイッチ回路の作成に図39のようなハッセの図式が有効に利用されたということにほかならないのである．

実際，スイッチ回路を組む場合に図39を念頭に浮かべていれば全体の見通しもよく，労力も省ける．図39の p,q をスイッチ P,Q に対応させ，$\bar{p},\bar{q}$ を P',Q' に，pq を P と Q の直列，$p \vee q$ を P と Q の並列に対応させれば，2個のスイッチ P,Q を使って組める可能性のすべてが図39で示されている．しかも，例えば P と Q の直列と P と Q' の直列の双方をさらに並列でつなぐ場合，図39では $pq \vee p\bar{q}=p$ であることを参考にして，ただ1個のスイッチ P だけに縮退させればいいということもすぐにわかるのである．

論理計算機

論理的な式がスイッチ回路によって表現されるはるか以前に，イギリスの論理学者ジェヴォンズは，論理計算つまり論理的推論を機械的におこなうための道具をつくりだした．それは1869年のことであった．

例を挙げよう．いまつぎのような選言的三段論法による推論がおこなわれたとする．

菌類は植物あるいは動物である．

菌類は動物でない．

ゆえに菌類は植物である．

ジェヴォンズは，この推論を彼の開発した"間接的推論の方法"によって遂行する．すなわちまず植物を a，動物を b であらわすとする．するとこの a と b から $ab, a\bar{b}, \bar{a}b, \bar{a}\bar{b}$ という4個の組み合わせがつくれる．そして組み合わせはこの4個で尽きる．そしてこのことは前に掲げた図1からも明らかである．さてジェヴォ

ンズはそうした準備の後に,いま述べた二つの前提から,四つの可能性のいくつかを次々と消していく.そしてこの抹消による証明が,"間接的推論"と呼ばれるゆえんである.ところでジェヴォンズはつぎのようにしてそうした抹消をおこなう.まず,以上の4組のうちの最後が消し去られる.なぜなら第1前提にしたがえば,菌類は植物かあるいは動物でなければならず,したがって,菌類は植物でもないし,動物でもないということはありえないからである.つぎに第1と第3の可能性つまり菌類が ab である可能性と $\bar{a}b$ である可能性が抹消される.というのも第2前提にしたがえば,菌類は動物でない,つまり b ではないからである.こうして残る可能性はといえば第2つまり $a\bar{b}$ であって,このことは結局 "菌類は植物だ" ということにほかならず,これが求める結論だというわけなのである.

以上のような抹消法はそれ自体機械的な方法であるが,こうした機械的方法をもっと楽にするために,ジェヴォンズは "論理計算をおこなう算盤" (logical abacus) をつくりだした.さらにジェヴォンズはその後,もっと進んだ論理的計算機をつくりだし,その外見からしてそれを "論理計算をおこなうピアノ" (logical piano) と呼んだが,それはその機械にピアノによく似た鍵盤がついていたからである.

論理計算機と四則演算機

ジェヴォンズの計算機は素朴ではあるが,確かに論理計算のための機械にはちがいない.とはいえジェヴォンズが自分の機械をわざわざ "logical" abacus と呼んだのは,それまであった abacus, つまりローマ以来の算盤はすべて四則演算用のものだったからである.またジェヴォンズがことさら "論理的" 計算機と呼んだのも,それまでの計算機,すなわち17世紀にパスカルが最初に作

った計算機以来の計算機はすべて数計算用のものだったからである.

こう考えてくると,ジェヴォンズのつくった計算機はまさに画期的なものであり,彼はいままでの四則演算の規則とは全くちがうタイプの演算,つまりブール代数の演算,論理的演算をおこなえる計算機をつくりだしたのである.

とはいえここで当然のこととして,四則演算の公理系と論理演算の公理系はいったいどんな関係にあるのかという問いが生じる.そしてその答えが,四則演算をスイッチ回路でおこなうことのできる計算機の発明だったのである.すなわち,少くとも電子計算機に関する限り,四則演算はスイッチ回路を使って,つまりいいかえればブール代数を使ってきわめて効率的におこなわれるということがわかったのである.しかしこのことは電子計算機においては四則演算よりもむしろブール代数の演算の方がベーシックだということを意味する.すなわち現在の電子計算機は,単に数学的な計算をやるだけではなく,さまざまの論理演算をもやってのけるのであり,その構造からいえば論理演算の方がその基礎をなしているといっていいのである.そしてこうした意味で論理学は数学の侍女だという表現を使うよりは,数学を支えるものだという表現を使った方がいいといえるであろう.

ルルの計算機と結合の術

これまでに電子計算機とジェヴォンズの論理的計算機について触れたが,論理的計算機といえば,それのもっとも古い姿であるルルの計算機にまで遡らなければなるまい.

さてヨーロッパには,正統的論理学の流れからはいくぶんずれてはいるが,いわゆる結合の術(ars combinatoria)の流れがある.この流れは14世紀の神学者兼論理学者であるレイモンド・ルル

に始まり，ジョルダーノ・ブルーノを経てライプニッツにまでつながる．

ところでルルは結合術をつくりだしたが，さらにその術を自分の創案になる機械に乗せることに成功した．ところでそうしたルルの計算機は図83のようなものである．この図において例えば A は "神"，B は "善"，C は "偉大"，D は "永遠" を意味する．そして E 以下のアルファベットもそれぞれ A つまり神の属性を示す．さて(a)は2枚の円板を小さい方を上にして同心円的に重ねたものである．こうした2枚の円板のうち下の方は固定され，上の方つまり小さい方が回転できるようになっている．さて(a)のような状態の計算機を，45度だけ右に回転する．すると例えば ABB のようなアルファベットの配列が ABC のようになる．するとそうした ABC は "神は善にして偉大なり" という命題を意味する．また ACD は "神は偉大にして永遠なり" という命題を意味する．

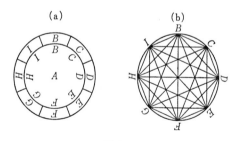

図83

回転板をいまのような仕方でまわしていけば，いったいどのくらいの組み合わせが生じるだろうか．答えは簡単であり，$8 \times 8 = 64$ 通りである．ここで8とは B から I までのアルファベットの数である．とはいえ，こうした64個の中には ABB つまり "神は

善にして善なり"といった不恰好なものがあるし、また ABC と ACB は同じ意味である。それゆえ 64 個からまず ABB のようなもの 8 個を引くと、56 個となる。そしてこれら 56 個には ABC と ACB といったペアーが存在するから、2 で割ると有意味な組み合わせは 28 個となる。

ところでこの 28 個の組み合わせは図 83(b) のようなやり方でも得られる。そしてその数は $_8C_2=28$ つまり 8 個の異なった要素から二つずつの異なった要素を取りだして組み合わせる場合の組み合わせ方の数である。さて図 83(b) における組み合わせは、$\{B,C\}, \{B,D\}, \{B,E\}, \cdots, \{H,I\}$ というふうに書き上げられる。つまり 2 個の異なったアルファベットで構成される集合が全部で 28 個あるというわけである。そしてそれらの間には例えば $\{B\}+\{C\}=\{B,C\}$ といった関係がある。こうした関係をもっと詳しく見るためには、B から I までの 8 個のアルファベットでは多すぎるので、A から D までの 4 個のアルファベットについて考えてみよう。するとそれらの関係は図 84 のとおりとなり、この図を図 71 の中に埋め込むことが可能だということは一見して了解できるであろう。

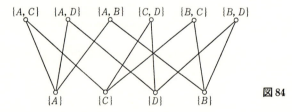

図 84

このようにルルの術の本質は図 84 に見られるように、$_4C_2=6$ といった事態をとらえたという点にあるといえよう。ところでルルの結合術を発展させたライプニッツは彼の若年の論文の中でこ

う主張している.すなわち,彼はルルの場合のような $_4C_2=6$ だけでなく,$_4C_3=4, _4C_4=1$ 等をも考慮に入れるべしというのである.そして結局彼は $\{A\}, \{B\}, \{C\}, \{D\}$ という4個のアトム的集合からは $_4C_0+_4C_1+_4C_2+_4C_3+_4C_4=1+4+6+4+1=16$ 個のコンビネーションが存在すると述べているのである.

しかしここでライプニッツのそうした結合術の仕事に対して急いでコメントを加えねばならない.というのも確かにライプニッツは彼の結合の術において,いまのような16個の要素が存在することを見出したが,彼はただそれら16個を網羅しただけであって,それら16個の要素を図71のように半順序集合として把握したわけではなかったからである.

順列と暗号術と遺伝子情報

このように結合の術あるいは組み合わせの術は論理学そのものではないが,論理学の出発点であったということができる.ところで組み合わせといえば,それに関連して順列というものがある.この順列の理論はいろいろな場合に利用されるが,その一つとして暗号の作成に使われるという場合が数えられる.

さてフランシス・ベーコンは,1623年に刊行した彼の著『学問の尊厳と進歩』の中でそうした暗号の理論を述べている.ベーコンは A, B から始まるアルファベット26文字を a, b 2個の文字であらわそうとする.そのためには a または b を合計5個並べなければならない.つまり $aaaaa$ が A の暗号であり,$aaaab$ が B の,$aaaba$ が C の,$aaabb$ が D の暗号といった具合である.5個並べる必要があるのは4個では $_2\Pi_4=16$ であって,それだけでは26文字をあらわすのには不十分であり,5個並べることによって初めて $_2\Pi_5=2^5$ つまり32文字分をあらわすことが可能となるからである.そしていま使った $_n\Pi_m$ という記法は n 個の個物か

ら m 個を重複を許して選び出すときの選び方の数を意味し，この ${}_n\Pi_m$ は n^m という式で計算できるのである．

ベーコンの場合，アルファベットの表示に a, b 2文字が使われたが，それには 0, 1 を使ってもいいし，モールス符号のように・と — を使ってもいい．しかしそこで重要なことは，例えば ab と ba がはっきり区別されているということである．つまり組み合わせの場合なら ab と ba には区別はない．実際，$\{a, b\}$ と $\{b, a\}$ の間には区別はない．しかし順列つまり並べ方ということであれば ab と ba はちがうのである．ところで図71と図84において $\{A, B\}$ と $\{B, A\}$ は全く同じものとして登場した．そして $\{A, B\}$ といった集合はブール束の一つの要素をなすものであった．同様に $\{a, b\}$ と $\{b, a\}$ も同じものとしてブール束の要素となる．しかし ab と ba を区別するという順序の立場はそうしたブール束とはなんら関係のない存在といわなければならない．

さて ab と ba とを区別するといった順列の立場は，暗号に限らず広く言語記号一般の使用において採用されている立場である．例えば英語では dog と god ははっきり区別されているし，日本語のクニとニクも全く違った意味をもつ．ところで暗号あるいは広く一般にことばといえば，人間のつくったものだけではなしに，非人工的に存在するものもある．そしてその例が生物の細胞内で遺伝情報をになうところの DNA や RNA といったものである．遺伝子の暗号解読は RNA の方がよく解明されているので RNA について考えてみよう．ここでは使用される文字は A, G, C, U の4種類である．そしてそうした文字からつくりだされる語はそれら4文字から重複を許して選びだされた3文字からなる．したがってそうした語の数は全部で ${}_4\Pi_3 = 4^3 = 64$ 個である．そしてこの場合でも例えば GAU と AUG と GUA ははっきりと違った

意味をもつものである．

　こうして DNA や RNA の暗号の場合においても，それが暗号すなわち語である限りにおいては順列的存在であり，それゆえ論理学以前，集合計算以前の段階でしかないというべきであろう．さて先にスイッチ回路をもつ電子計算機は論理的演算，集合計算を立派に遂行するものであると述べた．しかしそうしたスイッチ回路網に対応する生物体内の装置としては大脳内における神経細胞の回路網があげられる．とはいえ，そうした神経回路網についてはまだ詳しい研究はおこなわれていない．それゆえ，大脳の中の神経回路網がどのような仕方で論理的なスイッチ回路と対応するかははっきりとはわかっていない．しかしながら，人間の大脳の神経回路において，DNA や RNA の暗号装置といったものより遥かに高度な情報活動がおこなわれているということは確実なのである．

論理学と数学

　以上において，近代論理学が数学といかに密接な関係にあるかをいくつかの実例によって述べてきた．そしてそれらを通じていえることは，図 71 で示される集合の論理学はもちろんのこと，図 1 で示されるクラス論理学や図 39 で示される命題論理学もまた結局は集合を扱う理論だということである．図 1 の $ab, a\bar{b}, \bar{a}b, \bar{a}\bar{b}$ を $\{A\}, \{B\}, \{C\}, \{D\}$ と置こう．すると例えば a つまり $ab \cup a\bar{b}$ は $\{A, C\}$ と置ける．また $a \cup b$ つまり $ab \cup a\bar{b} \cup \bar{a}b$ は $\{A, C, D\}$ と置ける．図 39 の $pq, \bar{p}q, p\bar{q}, \bar{p}\bar{q}$ の場合もまた同様にして p を $\{A, C\}$ と置き，$p \vee q$ を $\{A, C, D\}$ と置くことができる．こうして図 1 も図 39 も図 71 のスペシャルケースだということができる．だとするとクラス論理学つまり名辞論理学も，さらに命題論理学も，ともに図 71 で示されたような集合の理論の特殊なケースにほか

ならないということができるであろう．ところで先に，算術は論理学に還元しうるという論理主義者の主張を紹介した．しかしいま述べたように論理学が集合の理論のスペシャルケースだとすれば，算術は結局，集合の理論に還元できるのだということができる．そしてそれはまた算術は集合の理論によって基礎づけられるということと同じなのである．ただしここで集合の理論といっても，それはいくつかの集合を"そして"，"または"等の論理学用語を使って組み立てていく理論であって，それを図示したものが図71だというわけである．ところで図71は一見してわかるように，きちんとした構造をもつものである．そしてこの構造はもちろんブール束として公理化できるものである．それゆえ図71で示された体系は一面においては確かに集合の理論であるが，他面においては構造を扱う理論であるということができる．

さて集合の概念はきわめて基礎的な概念であって，論理学はもちろん，すべての数学が共通に利用できる概念である．しかし構造という概念は確かに使いでのある便利なものであるが，構造にはさまざまの種類があって，構造といってもそれがどういう種類の構造かということを厳密に述べないと意味がない．そしてそういう意味では図71で示された構造はブール束という数学的構造だと断定することができる．しかしこのことは，同時にまた図71で示された構造が特殊な構造だということを意味する．実際，図71の構造は群の構造や体の構造とはっきりと異なるものである．しかしそうした特殊なブール束の構造が集合の計算，クラスの計算，命題の計算として使用されるときにはきわめてベーシックな働きを示すことも事実なのである．

このように近代論理学の成立によって，論理学というものの構造それ自体が数学的な構造をもつものであるということがわかっ

た．そしてさらにそうした論理学がすべての数学を基礎づけるものだということもわかった．しかしこのことはそうした論理学が数学の基礎づけだけにしか使えないということを意味しない．論理学はそれ自身記号化され，数学化された論理学であったとしても，数学以外の領域にも適用可能である．そしてその適用領域は中世以来の神学でもいいし，法律学でもいい．それどころか，およそ学と名づけられるすべてのもの，知と名づけられるもののすべてに適用可能だといえるのである．

参 考 文 献

A 論理学史一般

1 W. Kneale & M. Kneale : The Development of Logic, Oxford, 1962.

古代から現代におよぶ西洋論理学史. 700頁を越える大著であり, いままでのところもっともくわしくて, しかも信頼の置ける論理学史.

2 I. M. Bochenski : Formale Logik, Freiburg und München, 1956 (A History of Formal Logic, Notre Dame, 1961).

古代から現代までの西洋論理学の通史. 論理学の原典の抄訳をうまく時代順に綴りあわせ, それに解説を加えるというスタイルを採っている. 表題どおり形式論理学に限られた論理学史. 英訳あり.

3 H. Scholz : Geschichte der Logik, Berlin, 1931(『西洋論理学史』山下正男訳, 理想社, 1960) (Esquisse d'une Histoire de la Logique, Paris, 1968).

アリストテレスから現代までの簡潔な論理学史. 記号論理学を利用したうえで書かれた最初の論理学通史. この書物によって, 後に述べるプラントルの論理学史のようなタイプの書物は完全に克服された. 日本訳および仏訳がある.

4 T. Kotarbinski : Leçons d'histoire de la logique, Paris, 1965(コタルビニスキー『論理学史』松山厚三訳, 合同出版, 1971).

もとはポーランド語で書かれた. 日本訳は上掲のフランス語訳からの重訳. アリストテレスから現代に及ぶ西洋論理学史. 演繹論理学の歴史だけでなく, 帰納論理学の歴史も添えられている.

5 E. Carruccio : Mathematics and Logic in History and in Contemporary Thought, London, 1964.

数学と論理学を対等に考え, この両者のセットに対する古代から現代に至る発展史を綴ったもの. 著者はイタリア人であり, イタリ

アにおける論理学史研究の諸傾向は,この書の巻末の文献表でよくわかる.

6 R. Blanché: La Logique et son Histoire, Paris, 1970.

"アリストテレスからラッセルまで"という副題をもつ論理学通史.記号論理学やそれにもとづく論理学史の研究ではフランスは遅れをとっているが,この書はそうした分野での数少ないフランス語文献の一つ.

7 "History of Logic"(in The Encyclopaedia Britannica, vol. 14, Chicago, 1959, pp. 315–332).

古代,中世,近代に分け,しかも執筆者を違えて書かれた通史.インド論理学史も添えられている.

8 "History of Logic"(in The Encyclopedia of Philosophy, vol. 4, N. Y., 1967, pp. 513–571).

古代,中世,近世,近代に分けて叙述された論理学通史.時代ごとに執筆者を異にする.なおインド論理学史,中国論理学史,アラビア論理学史も付加されている.

9 B. Mates: "A brief outline of the history of logic"(in B. Mates' Elementary logic, N. Y., 1965, pp. 195–220).

付録の形ではあるが古代から現代までの通史.

10 山下正男,"論理学の歴史"(田中編『講座哲学大系』第3巻,人文書院,1963, pp. 288–308).

古代から現代までの簡略な論理学通史.

11 山下正男,"論理学の歴史"(沢田・吉田編『現代論理学入門』有斐閣,1968, pp. 149–172).

古代から中世までの論理学史.

12 Classics in Logic(ed. by D. D. Runes), New York, 1962.

論理学を中心として認識論,科学方法論等に関する文章を古代から現代にいたる諸著作より抜粋し英訳したもの.

13 Readings on Logic(ed. by I. M. Copi & J. A. Gould), New York and London, 1964.

論理学の諸問題についての議論を古代から現代に至る諸著作から

選びだし，英訳したもの．教科書用．

B 古代論理学史

1 I. M. Bochenski : Ancient Formal Logic, Amsterdam, 1951.

   まとまった古代論理学史としては最初のもの．めぼしい資料や問題点をほとんど網羅的に扱っている．

2 C. Prantl : Geschichte der Logik im Abendland, 4 Bde., Leipzig, 1855-70.

   論理学史の草分け的仕事．ブールの『論理学の数学的分析』が出たのが1847年であるから，著者プラントルに記号論理学の知識がなかったのは無理もないが，そうした無知からくる欠陥がこの論理学史の随所に見られる．しかしこの書物の脚注の形で大量に挿入された古代，中世のテキストは今でも貴重である．この論理学史は中世末で終っている．

3 G. Schenk : Zur Geschichte der logischen Form, Bd. 1, Berlin, 1973.

   古代，中世の論理学史．東ドイツにおける論理学史研究の成果．イデオロギーや弁証法と切り離された形で客観的に述べられている好著．

4 B. Mates : Stoic Logic, Berkeley and Los Angeles, 1953.

   ストアの断片からストア論理学の全貌を復元した仕事．断片の英訳が巻末に付されている．

5 M. W. Sullivan : Apuleian Logic, Amsterdam, 1967.

   諷刺小説『黄金のろば』の著者アプレイウスの書いた論理学書についての研究．このアプレイウスの論理学は2世紀のものであるがラテン語で書かれていたため，中世初期の論理学に影響を与えた．

6 K. Dürr : The Propositional Logic of Boethius, Amsterdam, 1951.

   古代最後の哲学者，そしてまた古代最後の論理学者ボエティウスが書き留めた古代論理学の総決算をなす書物，"仮言三段論法"を縦横に分析したもの．

C 中世論理学史

1 Ph. Boehner: Medieval logic, Manchester, 1952.

　副題に "1250 年から 1400 年に至る発展" とあるように，その期間における代表的論理学者をとりあげ，"代表の理論" と "推断論" がどのように発展していったかを述べる．

2 E. A. Moody: Truth and Consequences in Mediaeval Logic, Amsterdam, 1953.

　主として中世の命題論理学つまり "推断論" の独得な性格を解明したもの．

3 J. Pinborg: Logik und Semantik im Mittelalter, ein Überblick, Stuttgart, 1972.

　中世論理学の歴史的概観．ムーディーやベーナーよりも 20 年ばかり後に出ただけに，材料は遥かに豊富になっている．

4 H. W. Enders: Sprachlogische Traktate des Mittelalters und der Semantikbegriff, München, 1975.

　中世の論理学的意味論を，代表の理論を中心にして詳述したもの．

5 M. Teresa & B.-B. Fumagalli: The Logic of Abelard, Dordrecht, 1969.

　アベラールの論理学を原典に即して詳細に研究したもの．

6 山下正男，『ヒスパーヌス論理学綱要』京大人文科学研究所，1981.

　この書物の前半部において，ペトルス・ヒスパーヌの著作をサンプルにして中世論理学の性格と意味が述べられている．

7 E. J. Ashworth: Language and logic in the Post-Medieval Period, Dordrecht, 1974.

　中世スコラ論理学の最後期の状況を分析したもの．人文主義的論理学についても触れられている．

D 近世論理学史

1 W. Risse: Die Logik der Neuzeit

1. Band. 1500-1640, Stuttgart, 1964.

2. Band. 1640-1780, Stuttgart, 1970.

100年前に出されたプラントルの『西洋論理学史』は中世末で終っているが，リッセはこのプラントルの仕事の継続を企てた．第1巻はラムスおよびラミスト派の論理学の詳細な叙述を含んでいる．第2巻はポール・ロワイアル論理学およびヴォルフの論理学についての叙述を含む．プラントルのものと同じく，脚注の形で多くの原資料を掲載している．近世論理学史研究には必須の基本文献．

2 W. Risse: Bibliographia logica

1. Band. 1472-1800, Hildesheim, 1965.

2. Band. 1801-1969, Hildesheim, 1973.

中世スコラの最後期からルネッサンス，宗教改革期，啓蒙期を経て20世紀にまで及ぶあらゆる種類の論理学書の刊行年代順のリスト．

3 A. Seifert: Logik zwischen Scholastik und Humanismus, München, 1978.

中世最後期のカトリック神学者兼論理学者であり，ルターに激しい攻撃を加えたヨハン・エックの論理学書を中心にして，中世から近世への移行期の論理学史を述べたもの．

4 J. Berg: Bolzano's Logic, Stockholm, Göteborg & Uppsala, 1962.

ボルツァーノの論理学を記号論理学の手法で解明し，彼の論理学の優秀さを明らかにしたもの．

E 近代論理学史

1 C. I. Lewis: Survey of Symbolic Logic, Berkeley, 1918.

ライプニッツから始まる記号論理学の歴史を扱った書物としては最初のもの．材料豊かで叙述も大そう優れている．

2 J. Jørgensen: A Treatise of Formal Logic, 3 vols., Copenhagen, 1931.

記号論理学の歴史をライプニッツから説き起こしたもの．

3 N. I. Styazhkin: History of Mathematical Logic from Leibniz to

Peano, Cambridge, Mass., 1969.

　ロシア語からの翻訳. 原著は1964年モスクワで刊行. ライプニッツから始まる記号論理学の歴史. ソヴィエトでは記号論理学でなしに数学的論理学といわれるが, これは弁証法とは無関係かつ独立に盛んに研究される. したがってまたそうした数学的論理学の歴史もよく研究されている.

4　K. Berka & L. Kreiser : Logik-Texte, Berlin, 1971.

　ライプニッツ以降の記号論理学のいろいろなテキストから抜粋して, 簡単なコメントをつけたもの. 東独の書物.

5　末木剛博, 『記号論理学』東京大学出版会, 1962.

　副題に述べられているように, この書は記号論理学の成立史である. ルイスおよびヨルゲンセンの後に出ただけあって, 彼らの時代以降に出現した記号論理学の業績をも十分に取り扱っている.

6　Polish Logic 1920-1939 (ed. by S. McCall), Oxford, 1967.

　現代論理学の形成に大いに貢献したポーランド派論理学者たちの論文が18篇集められ, 英訳されている. 珍しくしかも貴重な文献.

7　A. Church : "A bibliography of symbolic logic" (in Journal of Symbolic Logic, vol. I, 1936).

8　A. Church : "Additions and Corrections" (ibid., vol. III, 1938).

　ライプニッツから始まる記号論理学の歴史を構成する著作や論文の詳細な文献表.

9　J. v. Heijenoot : From Frege to Gödel, Cambridge, Mass., 1967.

　1879年から1931年にいたるまでの記号論理学の諸論文を英訳して集めたソース・ブック. 1879年とはフレーゲの『表意文字による論理学』刊行の年であり, 1931年とはゲーデルの『プリンキピア・マテマティカの決定不能な命題について』の刊行の年である. 手に入りにくい多くの論文が集められており, ドイツ語のものは英訳されているので便利である.

10　石本新編, 『論理思想の革命』東海大学出版会, 1972.

　フレーゲ, ラッセル, カルナップ等の論理学者の論文12篇を訳したもの. 珍しい論文も含まれており, 有益なソース・ブックであ

る．

F 末尾に

最後に著者自身の論理学史に関する若干の仕事を掲げておく．本書の内容が簡単すぎてあきたらぬとお感じになった読者はそれを参照していただきたい．

a 古代論理学史に関して

1 "論理学と数学――特にアリストテレスの場合における"『理想』1981 年，5 月号．

2 "ストアにおける命題論理学の成立過程"『人文論究』(関西学院大学), 9 巻 4 号, 1959.

b 中世論理学史に関して

1 "中世論理学における suppositio の理論"『人文論究』10 巻 3 号, 1959.

2 "中世論理学における consequentia の理論"『哲学研究年報』(関西学院大学), 第 2 輯, 1961.

3 "中世論理学の意味論的性格"『中世思想研究』V, 1962.

4 "中世における論理学と文法学"『中世思想研究』XVI, 1974.

c 近世論理学史に関して

1 "近世初期の論理学の諸流派についての一考察"『人文論究』13 巻 2 号, 1962.

2 "西洋論理学史上における『ポール・ロワイアル論理学』の意味"『人文学報』(京都大学), 45 号, 1978.

近世論理学いわゆる伝統的論理学と近世哲学との関連に照明を当てた論文．

3 "論理学史におけるヘーゲル弁証法の位置"『人文学報』47 号, 1979.

ヘーゲル弁証法の本性をえぐり出し批判を加えたもの．

『思想の中の数学的構造』現代数学社, 1980.

著者年来の持論である数学的構造主義の立場から，古今東西の宗

教・哲学の中に潜在する数学的構造を掘り起こしたもの.著者は,論理学つまり数学的論理学も,いわゆる数学も,数学的構造もしくは形式的構造として同格だと考える.それゆえ,著者の考え方の全貌を知っていただくためには,『論理学史』と補完的関係にある『思想の中の数学的構造』を参照していただくことが望ましい.

年　　表

350 BC 頃

Aristoteles(384-322 BC)　De Interpretatione(『命題論』), Analytica Priora(『分析論前書』), Analytica Posteriora(『分析論後書』). アリストテレスは100年ばかり後にあらわれたクリュシッポスとともに, 古代における二大論理学者. 『分析論前書』は三段論法を完璧な仕方で提示している. 『命題論』には様相論理学の基礎が見られる.

300 BC 頃

Theophrastos(c. 371-c. 286 BC)　論理学的著作は残っていないが, 後人の証言により, 仮言的三段論法を発見したことがわかる. これは命題論理学の一種であるといえる.

250 BC 頃

Chrysippos(280-c. 205 BC)　クリュシッポスはアリストテレスと肩を並べるギリシアの大論理学者. 多くの論理的著作があったがすべて失われた. 二次資料でその内容が推測できるが, アリストテレスとは異質の論理学, つまり命題論理学を確立した.

150 頃

Galenos(c. 129-199)　$Eἰσαγωγὴ\ διαλεκτική$(Institutio Logica『論理学入門』). 短いが内容豊かなギリシア語の論理学テキスト. アリストテレス派の論理学とストア派の論理学を綜合した. また関係論理学をつくりだした.

500 頃

Boethius(470-524)　De Syllogismo Hypothetico(『仮言三段論法について』). ギリシア・ローマを含めての古代の最後の哲学者ボエティウ

スは，幸いなことに古代の論理学的知識をラテン語の形で豊かに保存してくれた．それがラテン語で書かれていたために中世の論理学に大きな影響を与えた．

1140 頃

Peter Abelard(Petrus Abaelardus) (1079–1142)　Dialectica(『論理学』5巻)．ボエティウスの全論理学著作のそれぞれについての鋭い論評である．まだ中世論理学の特徴を備えてはいないが，中世論理学の前段階をなす大部な論理学書．

1230 頃

以下の3冊の書物はトリオをなし，中世論理学史の完成期を代表する．とりわけペトルス・ヒスパーヌスのテキストは有名である．

William of Sherwood(1200/1210–1266/1271)　Introductiones in Logicam(『論理学入門』).

Lambert of Auxerre　Logica あるいは Summa Lamberti(『論理学』あるいは『ランベルトの論理学大要』).

Petrus Hispanus(Peter of Spain) (c. 1205–1277)　Summulae Logicales(『論理学綱要』)．ヒスパーヌスのこの書は17世紀までヨーロッパ各地の大学で教科書として使用された．

1240 頃

Roger Bacon(1215–1294)　Summulae Dialectices(『論理学綱要』).
上のトリオより少しおくれて書かれたが，やはり本格的な中世論理学書．

1325 頃

William of Ockham(c. 1285–1349)　Summa logicae(『論理学大要』).
ノミナリストの立場からのすぐれた論理学書．ペトルス・ヒスパーヌスのテキストよりも内容は遥かに豊かになっている．

1326 頃

Walter Burleigh(1275–c.1345)　De Puritate artis logicae(『純粋な論理学』). レアリストの立場からオッカムの論理学に対抗して書かれた論理学書. すぐれた内容をもつ. タイトルの"純粋な"はオッカムの論理学が不純であり, 自分のものこそ純粋だという意味.

1340 頃

Joannes Buridanus(Jean Buridan) (c. 1295–1356)　Summulae de Dialectica あるいは Compendium Logicae(『論理学綱要』あるいは『論理学摘要』). ノミナリスト的論理学書. オッカムのそれよりもさらに発展した形態をそなえる.

1350 頃

Albert von Sachsen(c. 1316–1390)　Perutilis Logica(『簡便論理学』). ビュリダンの論理学書とおなじくスコラ後期の, もっとも洗錬された論理学のテキスト.

1410 頃

Paulus Venetus(Paul of Venice) (?–1429)　Logica(『論理学』).

1420 頃

Paulus Pergulensis(Paul of Pergula) (?–1451)　Logica(『論理学』). Paul of Pergula は Paul of Venice の弟子. 両人は最晩期中世論理学の代表者. とくに Paul of Pergula の書はもっとも中世論理学的な要素, つまり代表(suppositio)の理論, 推断(consequentia)の理論, 討議ルール(obligatio)の理論, パラドックス(insolubile)の理論をすべて含む.

1555 頃

Petrus Ramus(Pierre de la Ramée) (1515–1572)　Dialectique(『論理学』). ラムスはアリストテレス論理学および中世論理学のすべてを否定し, 独自の論理学をつくりだした. この論理学の性格はキケロ以来の弁論術(レトリカ)および拠点論(トピカ)を吸収した点にある. 近世のカ

トリックが中世の論理学の伝統を温存したのに反し,プロテスタントはこの革新的な論理学を愛用した.しかしラムスのこの仕事の論理学としての水準は低い.

1637

John of St. Thomas Ars logica(『論理学』).この年はデカルトの『方法叙説』が出た年である.聖トマス・ヨハンネスはドミニコ会修道士であり,この書物も『トミズム的哲学教程(Cursus Philosophicus Thomisticus)』の第1巻を構成する.この書物は中世スコラの全遺産を継承し,近世のカトリック世界に伝えたものといえる.

1662

A. Arnauld 及び P. Nicole La logique ou L'art de penser(『論理学別名思考の術』).通称『ポール・ロワイアル論理学』.近世論理学の出発点となった論理学.経験論と合理論を問わず,近世ヨーロッパのほとんどの哲学者の思考方式はこの論理学またはここから派生した論理学によって決定されたといえる.論理学としては,中世論理学にくらべて数段劣る.

1672

J. Milton Artis Logicae Plenior Institutio(『論理学全階程』).詩人でありピュリタンであるミルトンの著.典型的なラミスト系の論理学書.

1680 頃

Leibniz(1646-1716) ライプニッツは記号論理学の祖であるといえるが,彼の論理学上の仕事はすべて小篇もしくは断片にとどまる.またその論理体系も未完成であった.

1712

Wolff Vernünftige Gedanken von den Krätfen des menschlichen Verstandes(『人間悟性の諸能力についての理性的考察』).ドイツ・プロ

テスタンティズムの御用論理学書．この論理学はカントを始めとするドイツ観念論哲学者の使った論理学の先駆である．ヴォルフの論理学自体それほど高い水準にはなかったが，それ以後のヴォルフ派の論理学の水準はさらに低下する．

1724

I. Watts　Logick or The Right Use of Reason(『論理学別名理性の正しい使用法』)．ウォッツはロックの弟子．この論理学は『ポール・ロワイアル論理学』を感覚論的に書き替えたもの．

1761

L. Euler　Lettres à une Princesse d'Allemagne(『ドイツの或る公女に宛てた書簡集』)．ここで有名なオイラーの図式が使用されている．

1792

E. B. de Condillac　De l'art de penser(『思考の術について』)．感覚論の立場に立つ論理学．この論理学はポール・ロワイアル論理学つまり『思考の術』が，ロックを経て感覚論的に変容されたものである．

1800

Kants Logik(『カントの論理学』)　この書物はカントの著でなく，カントが講義の際に使ったマイヤー著の論理学．カントの当時のドイツにおける論理学の教科書の水準がわかる．もちろんヴォルフの時代から見てダウンしている．

1805

Destutt de Tracy　Logique(『論理学』)．『観念学の原理』(Éléments d'Idéologie)の第3部として刊行．感覚論的な立場からの論理学．

1812–1816

Hegel　Wissenschaft der Logik(『論理学』2巻)．いわゆるヘーゲ

ル弁証法の実質がこの中に見られる．しかしこの書は論理学の名を冠してはいるが論理学とは程遠い存在である．

1837

B. Bolzano Wissenschaftslehre, Versuch einer ausführlichen und grösstenteils neuen Darstellung der Logik（『知識論別名論理学の詳細かつ斬新な呈示への試み』4巻）．この書はドイツ観念論風あるいはイギリス経験論風の知識論つまり認識論とは全く異質である．ボルツァーノはこの書の中で論理学についてのヘーゲルの無知ぶりを厳しく批判している．記号論理学とはいえないがきわめて高水準の論理学のテキスト．この中には命題論理学も見出せる．

1847

G. Boole The Mathematical Analysis of Logic（『論理学の数学的分析——演繹的推理の計算化の試み』）．この書においてアリストテレス論理学の完全な代数化が始めて成功した．ちなみに，ブールのこの著作の刊行はマルクス・エンゲルスの『共産党宣言』の1年前，キェルケゴールの『死に至る病』の2年前である．

1864

W. S. Jevons Pure Logic, or The logic of quality apart from quantity（『純粋論理学別名質の論理学』）．ブールの論理学を訂正補足したもの．

1864

De Morgan "On the Syllogism"（"三段論法について"）．この中でド・モルガンの定理が提示されている．

1867

Peirce "On an Improvement in Boole's Culculus of Logic"（"ブールの論理計算の改良"）．ブールの改良を扱った論文．

1874頃

F. Brentano Psychologie vom empirischen Standpunkte(『経験的立場からの心理学』). この書物の第2巻(死後 1925 年に出版)の中に三段論法の4種の命題についての面白い解釈が提示されている. ボルツァーノからブレンターノへ, そしてトヴァルドフスキーを経てポーランド学派へというオーストリア・東欧のカトリック圏における論理学の流れは同時代のドイツ観念論哲学に見られる論理学の貧困と較べてきわだった豊かさを見せる.

1879

Frege Begriffsschrift, eine der arithmetischen nachgebildete Formelsprache des reinen Denkens(『表意文字による論理学——数学に範をとってつくられた純粋思考の形式的言語』). フレーゲはブール-シュレーダーの記号論理学体系とは独立に, しかもそれより遥かに優れた論理体系をつくりあげた.

1881

J. Venn Symbolic Logic(『記号論理学』). ブールの仕事を継承. ヴェンの図式を考案して, 三段論法を図式化した.

1890-1905

E. Schröder Vorlesungen über die Algebra der Logik(『論理代数講義』3巻). ブールおよびジェヴォンズの仕事を継承し大成した書物.

1896

L. Carroll(C. L. Dodgson) Symbolic Logic(『記号論理学』). キャロルは『不思議の国のアリス』の作者であるが, 実は本名ドジスンといってオックスフォード大学数学講師. 論理学の研究もおこない, ブールの仕事を発展させ, ヴェンとは異なった形で三段論法の図式化をおこなった.

1910–1913

Whitehead 及び **Russell**　Principia Mathematica (『数学の原理』 3 巻). フレーゲの仕事を継承発展させた. 論理学を扱っているのは第 1 巻の前半.

1930

A. Heyting　Die formalen Regeln der intuitionistischer Logik (『直観主義論理学の形式的規則』). 直観主義論理学の最初の定式化.

1932

C. I. Lewis 及び **C. H. Langford**　Symbolic Logic (『記号論理学』). この書で様相論理学が始めて本格的に研究されるようになった.

1936

I. Johansson　"Der Minimalkalkül, ein reduzierter intuitionistischer Formalismus" ("最小論理学——切りつめられた直観主義論理学"). 最小論理学の最初の定式化.

1938

Shanon　"A Symbolic Analysis of Relay and Switching Circuits" ("リレー及びスイッチ回路の記号化による分析"). ブール代数とスイッチ回路の同型性を始めて証明した論文.

1940

G. Birkhoff　Lattice Theory (『束論』). 数学の一分科としての束論の存在を確立した書物. 古典論理, 直観論理, 量子論の論理, 確率論等に対する適用も説かれている.

1949

J. Piaget　Traité de Logique, Essai de Logistique Opératoire (『論理学——論理的操作の計算術試論』). ここでピアジェはピアジェの群と呼

ばれる群構造が論理学の中に存在することを指摘した.

人名索引

あ 行

アッカーマン　101
アナクサゴラス　142
アリストテレス　13-14, 17-18, 22, 26-27, 37, 39, 43, 53, 59, 68, 73, 84, 90, 92-93, 95-96, 107, 111-125, 131-138, 141-142, 145-148, 150, 156, 158, 161-162, 167-168, 172, 175, 181, 193, 195, 198-199, 204, 213-214, 220, 259, 261
アルキメデス　143-144, 159
アルノー　184, 202-203, 264
ヴェン　52-55, 267
ウォッツ　206, 265
ヴォルフ　206, 220-221, 257, 264
エウブリデス　163
エリウゲナ　9
オイラー　34-35, 39, 51-52, 55, 265
オッカム　69, 71, 192, 262-263
オットー　210

か 行

ガリレイ　193
ガレノス　176, 261
カント　192, 206, 213-218, 221, 265
カントール　138, 141
キケロ　125, 199, 263
キャロル　54-55, 267
クザーヌス　210
クライン　56
クリュシッポス　161, 261
グロステート　147-148, 151-156, 159
コンディアック　206, 265

さ 行

ジェヴォンズ　46-47, 98, 242-244, 266-267
シェリング　210, 221
シャノン　240, 268
シュレーダー　48, 54-55, 76-77, 95, 98, 195, 267
シンプリキオス　129
スコトゥス　192
スピノザ　207-211, 213
セクストス・エンペイリコス　128
ゼノン　128-131, 135-138, 141, 146, 160
ソクラテス　9, 126-128, 145-146, 157-158, 160

た行

ダーウィン　118
タルスキー　178, 224
チョムスキー　184-186
テオプラストス　59-60, 62, 67-68, 261
デカルト　204-206, 209, 223, 264
デステュット・ド・トラシー　206, 265
デデキント　55, 138
テミスティウス　125
デモクリトス　128, 134, 142
トヴァルドフスキー　224, 267
ドジスン　54, 267
トマス　173-175, 181-182, 188-189, 191-192
ド・モルガン　39, 48, 266

な行

ニコール　184, 202-203, 264
ニュートン　144, 151, 153-154, 159

は行

ハイティング　77-78, 268
バーコフ　56, 268
パース　55, 95-98, 266
ハッセ　51, 55
ハミルトン　39
パルメニデス　129, 134, 141-142
ピアジェ　51, 268
ヒスパーヌス　69, 91, 256, 262
ピュタゴラス　27
ヒルバート　101
フィエタ　98
フィヒテ　221
プラトン　5-7, 9, 27, 96, 118-119, 126-128, 131, 146, 158, 161-162, 216-217
ブール　39, 42-44, 46, 53, 74-77, 195, 266-267
ブルーノ　245
フレーゲ　77, 98-101, 195, 228, 235, 258, 267
ブレンターノ　224, 267
プロタゴラス　128, 160, 163
ヘーゲル　207, 210-213, 217-222, 224-225, 259, 265-266
ベーコン　156-159, 247-248
ベッカー　89
ペトルス（ポワティエの）　179, 181
ボエティウス　125, 255, 261
ボルツァーノ　138, 224-225, 266
ポルピリオス　9-10
ホワイトヘッド　235, 268

ま行

マイヤー　206, 265
マルクス　221
ミルトン　201, 264
メリッソス　134-136

や 行

ユークリッド　21, 26-27, 32, 107-111, 119, 127, 133, 139-141, 143, 151, 155, 207, 227,
ヨハンソン　77, 268
ヨハンネス(聖トマスの)　189-191, 264

ら 行

ライプニッツ　39, 51, 99, 193, 195, 223-224, 245-247, 257-258, 264
ラッセル　77, 100, 195, 228, 235, 258, 268
ラムス(ラメ)　195-200, 216-217, 257, 263
ランベルト　39
ルイス　89, 268
ルカジェヴィッツ　85, 89, 224
ルル　244-247
レウキッポス　133-134, 142
ロック　205-206, 265

わ 行

ワイヤシュトラス　138

事項索引

あ 行

イデー　203-206
イデアの分割　6-9, 27, 118-119, 162
ヴェンの図式　35-36, 52, 54
エレア派　129, 134, 138, 142, 160
オイラーの図式　34-35, 51-52
音楽理論　27-30

か 行

解釈　175-176, 188, 192
カテゴリー　167-168, 213-219
環　46
換位　24, 26, 34
含意式　20, 22, 68, 82, 86, 102, 130, 135
関係論理学　97, 261
規則　65-66, 69-70, 227
帰納法　156
帰謬法　23, 109, 126-133, 141-143, 145-146, 157-159
詭弁論法　150, 160-161
吸収律　47, 58, 241
共義語　186-187
拠点　196-200, 216-217, 263
クラインの四元群　50, 85
クラス　3-4, 13, 40, 43, 52, 58, 73-77, 102, 162, 228-235, 250
——論理学　73-77, 101-103, 107, 169, 208, 228, 249
群　49-51, 55-56, 250, 268
限量論理学　53, 90-103, 197
交換律　41
公理論的方法　23, 65-67, 107-113, 115, 143-144, 154-156, 226-227
誤謬推理　150-151, 179-180

さ 行

最小論理　77, 81-84, 103, 268
三段論法　13-14, 18-38, 40, 53, 60-63, 73, 107, 119, 122-123, 125, 131-133, 150, 162, 167-168, 172-174, 189, 191-192, 199, 203-207, 261, 266-267
　仮言的——　59-60, 62-63, 67-68, 261
ジェスイット　202-203, 223
四句分別　12-13
指数律　42
ジャンセニズム　202-203, 205
種　117-119, 162, 164, 167-170, 177
集合　228-235, 249-250
種差　117-118
述語論理学　101, 169-170

峻別　190
推断　67-70, 87, 135, 190, 192, 256, 259, 263
スイッチ回路　235-242, 249, 268
推論式　20-21
スコラ　59, 68-74, 91, 94, 96, 156, 159, 181, 192-193, 195, 201, 203, 220, 223-224, 257, 263-264
ストア派　59, 62-68, 70, 74, 126, 142, 161-172, 255, 259
全論理空間　3, 5, 8, 14
双対律　42-49, 55, 64, 67, 76, 81
争論的推論　150-151
束　3-4, 17, 34, 38, 46, 55-58, 78, 82, 103, 268
ソピストの術　150

た 行

体　33, 38, 226, 250
代数　40, 47, 55, 75, 99, 244, 266
代表　94, 177-182, 256, 259, 263
多値論理学　87-89
注解　176, 179, 182-186, 188, 197-200
直観論理　77-84, 103, 268
定義　6, 9, 156-158
ディレンマ　149
ドイツ観念論　207, 220, 224-225, 266
討論　188-194
トポス　119-125, 196-199, 216-217
ド・モルガンの定理　48, 58, 64, 71, 76

な 行

二重否定律　49, 81

は 行

排他的選言　44, 46, 63-65, 74, 76, 147, 163, 232-233, 235, 238
　非――　44, 46-47, 63-64, 67, 69, 71, 74, 76, 98, 233, 238-240
排中律　17, 43, 58, 78, 80-81, 210, 241
破壊式　146-148, 157
破壊的論法　145-151
ハッセの図式　3, 6, 14-15, 36, 43, 51, 54-56, 58, 66, 92, 164, 209, 240-242
半順序　3-5, 8, 12, 16, 55-56, 78, 86, 116, 231, 233, 247
反証　149, 153, 159
ピアジェ群　51, 268
ピエチスムス　220-221
ピュタゴラス派　138-139
ピュリタニズム　201-202, 220, 264
比例論　25-33
ブール環　46
ブール束　33, 36, 42, 46, 56, 84, 86, 89, 92, 103, 164, 231, 240, 244, 248, 250

プロテスタンティズム 201-203, 220, 224, 264-265
分配律 41, 56
分類 7-8, 13, 119, 216-217, 230
冪等律 42
ペリパトス派 59
弁証法 207, 211-213, 220-222
弁証論的推論 122-123, 125
弁論術的推論 123-125
ポルピリオスの樹 9-11
ポール・ロワイアル論理学 73-74, 184-186, 202-207, 213-215, 220, 223, 257, 259, 264-265

ま 行

矛盾律 17, 42-43, 58, 74-75, 83, 210, 225
名辞 3-4, 13, 20, 29-30, 61-62, 116, 162, 167
——論理学 3, 5, 13, 39, 53, 57, 103, 118, 161, 167, 249
命題関数 95-96, 99-101, 169-170
命題論理学 3, 24, 37, 58-89, 103, 108-109, 111-113, 115, 125-126, 128, 132-133, 161-167, 169, 259, 261, 266

や 行

様相論理学 84-89, 103, 261, 268

ら 行

ラミスト 195, 200-202, 203, 207, 213, 215-217, 220, 223, 257, 264
類 117-119, 162, 164, 167-170, 177
ルター派 220
レーマ 95-97

■岩波オンデマンドブックス■

論理学史

|1983年9月14日　第1刷発行
1205年2月10日　オンデマンド版発行

著　者　山下正男

発行者　岡本　厚

発行所　株式会社　岩波書店
　　　　〒101-8002 東京都千代田区一ツ橋2-5-5
　　　　電話案内　03-5210-4000
　　　　http://www.iwanami.co.jp/

印刷／製本・法令印刷

© Masao Yamashita 2015
ISBN 978-4-00-730179-7　Printed in Japan